JEFF MACINNIS / WADE ROWLAND

EHER FRIERT DIE HÖLLE ZU …

JEFF MACINNIS
WADE ROWLAND

EHER FRIERT DIE HÖLLE ZU ...

ABENTEUER NORDWESTPASSAGE

DELIUS KLASING VERLAG

Englischer Originaltitel: Polar Passage

Die Deutsche Bibliothek – CIP-Einheitsaufnahme

MacInnis, Jeff:
Eher friert die Hölle zu . . . : Abenteuer Nordwestpassage/Jeff MacInnis; Wade Rowland. [Aus dem Amerikan. von Jutta Wannenmacher]. – Bielefeld: Delius Klasing, 1994
(Segeln & Abenteuer)
Einheitssacht.: Polar passage <dt.>
ISBN 3-7688-0830-0
NE: Rowland, Wade:

ISBN 3-7688-0830-0

Aus dem Amerikanischen von Jutta Wannenmacher
Fotos: Jeff MacInnis (Abb. 1, 7, 19, 20, 26, 28) und Mike Beedell
(Umschlagfoto und restliche Abbildungen)
Umschlaggestaltung: Buchholz/Hinsch/Hensinger, Hamburg
Satz: Utesch Satztechnik, Hamburg
Druck und Bindung: Clausen & Bosse, Leck
Printed in Germany 1994

All jenen gewidmet,
die mir halfen, meinen Traum zu verwirklichen –
mit Dank für ihre Unterstützung, ihren Sportsgeist
und Einfallsreichtum.

Jeff MacInnis

DANKSAGUNG

Unsere Hilfstruppen waren wirklich sehr zahlreich. Diese Teams teilten mit mir den Traum, die Nordwestpassage zu durchsegeln, und lehrten mich mehr, als sie jemals wissen werden. Besonders hervorheben möchte ich nur einige davon: Meinen Vater, der mich inspirierte und anleitete; Mike Beedell, der so lange und geduldig mit mir segelte; Cathy Stedman, deren Enthusiasmus und Einsatz mir half, meinen Plan zu verwirklichen; Peter Jess, dank dessen Arktiserfahrung ich viele Probleme lösen konnte; meine Mutter, die mich bei all meinen Bemühungen unterstützte; und drei unserer Hauptsponsoren, die sich auch persönlich mit unserem Plan identifizierten: Peter Widdrington von Labatt's, Doug Campbell von Hobie Cat und Norman James von der Canadian National Sportsmen Show; ich danke auch dem Team, das mir beim Zustandekommen dieses Buches half: Wade Rowland, der meine umfangreichen Aufzeichnungen in Buchform brachte; meinem Agenten Jack McClelland; und den Mitarbeitern von Random House of Canada, darunter Ed Carson, Doug Pepper, Pat Cairns und Susan Meisner.

Auch die folgenden Sponsoren und Helfer haben großen Anteil am Gelingen der Expedition durch die Nordwestpassage:

John Labatt Ltd., Canadian National Sportsman Shows, Hobie Cat, Alpha Graphics Ltd., Baker Marine, Bomac Batten, Bushnell, Business Theatres, Chlorophylle Ltd., Coleman Comoany, Catamarine, Davidson Chrysler Dodge, Diving Unlimited International, E-Z Loader, Expert, W.L. Gore & Associates, Grift-Grabbers, Harken, Helm Design, Hot Chillys, Hot Fingers, Jessco, Motorola, Murrays Marine, Nike, North Sailing Products, Olympus, Panasonic, Primedia, Pro-cam, Random House of Canada Ltd., Rocky Mountain Cycle, Rolex, Saffer Advertising Inc., Sierra Designs, Sony, Tilley Endurables, 3M Canada, University of Western Ontario, George Weston Ltd.

Peter Alford, Wayne Anderson, Susan Aziz, Jack Baker, Kathy Barclay, Mike Beckerman, Peter Bigny, John Bleasby, John Bockstoce, David Bristow, George Brooks, Bob Brown, Al Chandler, Joe Charlesworth, Damit Chytil, Gilles Couet, David Couper, John Cowan, Bob Cranston, Rob Crowder, Bill Curtsinger, Jacquie

Czerv, Roger Davidson, Ed Dayholos, Ken Dudley, Mike Dukeow, Bob Engle, Blake Farrow, Craig Farrow, David Fergusson, Howard Fergusson, Pat Ferns, Dr. Fitzjames, Geoff Genovese, Greg Glista, Jim Godden, Bill Graves, Richard Gulland, Dr. Peter Hanson, Mr. Hardy, Helen Hare, Donna Harris, Jonathan Harris, Bonnie Hepburn, David Hill, George Hobson, Barry Huff, Peter Hughes, Jack Hurst, Dooug Irwin, Darren Jack, Ted Janulis, Judy Jess, Peter Jess, C. B. Johnston, Frank Joinman, Brian Jones, Barbara Kincaid, Gary King, Cheryl Knapp, Emory Kristof, Kim Kymlicka, John Lacato, Traxy Lacato, Paul Lang, Wilie Laserich, David Leighton, Martin Lilley, Roger Lindsey, Merv Little, Dick Long, Rob Luske, Bill Lyall, John Lynn, Debbie MacInnis, Janet MacInnis, Jordan MacInnis, Lara MacInnis, Moby MacInnis, the Manchees, Bill Mason, Ray Masygen, Peter McConville, Shawn McConville, Stew McDonald, Gary McGuffin, Joanie McGuffin, Bill McIntohs, Bruce McKelfrish, Denise Mckenzie, Harland Molen, Keith Moorehead, Dave Mudry, Steve Muuray, the Nellas, David Nellelship, Valerie Nogas, Phil Nuytten, Dr. Pedersen, Marc Precious, Jackie Radley, Brian Reesor, Neil Remmie, Mr. Ridley, Phil Riggs, Victor Royce, Gray Rubanoff, David Saffer, Doreen Sanders, Michael Sanderson, Schuyler Sanderson, Mr. S. A. Sauer, Walley Schaber, Robert Schad, John Schuch, Dan Scinocca, Christine Shumsky, Astel Singer, Laurie Skreslet, Bruce Smith, Ross Smith, Tom Smith, Tonia Smithers, Helmut Siepman, Bob Stinton, Ian Sullivan, Ernie Thoams, Alex Tilley, Betty Ann Van Gastel, Paul Ullibarri, Ian Varte, Margaret Wahl, John Wake, Barbara Warnik, Dan Webster, John Welton, Ralph White, Robert Williams, Mr. D. G. Willox, Miles Wood, Mary Wright, Paul Zemla.

Ihnen allen meinen aufrichtigen Dank.

Jeff MacInnis

INHALT

PROLOG

„Können wir davon träumen,
dann können wir es auch tun."

Wie die meisten Reisen begann meine mit einem Traum. Danach kam die Plackerei der Planung, Erprobung und Vorbereitung – drei harte Jahre lang. Dieser Prozeß umfaßte tausendundein kompliziertes Detail, aber es wäre irreführend, ihn als langweilig oder nervtötend zu bezeichnen. Denn mit jeder Frage, die sich herauskristallisierte und beantwortet wurde, mit jedem der vielen hundert potentiellen Probleme, das erkannt und gelöst wurde, kam ich der Verwirklichung meines Traums näher. Die Herausforderung, der ich mich stellte, hätte kaum erregender sein können: eine Expedition zu organisieren, bei der die berüchtigte Nordwestpassage zum ersten Mal ohne Hilfsantrieb, nur unter Segeln bewältigt werden sollte. Viele große Forschungsreisende hatten sich in der Blütezeit maritimer Entdeckungen diese Durchfahrt zum Ziel gesetzt; es war die Zeit, als Britannien die See beherrschte und englische Schiffe die fernsten Meere befuhren, um ihre Küsten zu kartographieren. Aber die Nordwestpassage verlangte einen so furchtbaren Zoll an Menschenleben, daß sie schließlich Sieger blieb. Verstört und verbittert nannte man sie einen „am Eis erstickenden Höllenschlund".

Drei Jahre lang betätigte ich mich als Ideensammler, befragte Dutzende von Experten nach jedem Aspekt des Überlebens und der Logistik in der Arktis und fügte auch den beiläufigsten Ratschlag in ein multidimensionales Puzzle ein, dessen Effektivität als Ganzes von der Nützlichkeit jedes einzelnen Beitrags abhing. So wurde beispielsweise die Wahl des richtigen Paddels, eigentlich ein ganz simples Ausrüstungsstück, zu einer schwierigen Aufgabe, als sich herausstellte, daß dieses Paddel mehreren Zwecken dienen mußte: natürlich der Fortbewegung unseres Bootes bei Flaute, aber auch als Schaufel zum Schneiden der Schneeblöcke, aus denen wir uns

Windschutz bauen wollten, als Mast für die Funkantenne und als Bootshaken beim Handhaben von Leinen und beim Wegstoßen von Eisschollen.

So gesehen, konnte jede Entscheidung für ein bestimmtes Gerät auch ausschlaggebend sein für Leben oder Tod, denn wir würden in einem der lebensfeindlichsten Gebiete der Welt segeln, wo das sich unaufhörlich hebende und senkende, alles zermahlende Eis, das betäubend kalte Wasser und das grausame, unberechenbare Wetter sich zu einer potentiell tödlichen Herausforderung gegen uns verschworen. Ich konnte mir nicht helfen: damit meine Kräfte zu messen, war und blieb faszinierend.

Auf dem quälend langen, gewundenen Weg zur Verwirklichung meiner Pläne profitierte ich vom Rat und von der Hilfe vieler Leute, am meisten jedoch von meinem Vater Dr. Joe MacInnis, einem profunden Kenner der Arktis. Besonders genau kannte er ihre Gewässer und die Gefahren, die dort lauerten. Als Leiter oder Teilnehmer hatte er auf insgesamt fünfzehn Expeditionen Kanadas hohen Norden erforscht, war hunderte Male unter das gefährliche Eis vorgedrungen, hatte die Technik des Tauchens unter Polarbedingungen verbessert und die Auswirkung des arktischen Environments auf den Menschen studiert.

Er war auch ein Entdecker von traditionellerer Art, denn er hatte das nördlichste Schiffswrack des Planeten geortet und erforscht. Er war Leiter einer Expedition gewesen, die das aus dem 19. Jahrhundert stammende Wrack der Royal-Navy-Bark BREADALBANE gefunden und fotografiert hatte, und ich hatte ihn dabei begleitet. Dieses Erlebnis hatte in mir den Wunsch geweckt, eine eigene Arktisexpedition auszurichten.

Damals, im April 1983, war ich mit meinem Vater in die Arktis geflogen, kurz nachdem ich eine äußerst frustrierende Saison mit der nationalen Skimannschaft Kanadas in Europa hinter mich gebracht hatte. Bis lange nach Weihnachten waren dieSchneeverhältnisse unmöglich gewesen, und das Team – ich eingeschlossen – erbrachte schlechte Leistungen. Einer meiner besten Freunde in der Mannschaft verunglückte schwer im französischen Morzine, beim Training auf einer Piste, die bei den miserablen Verhältnissen hätte gesperrt sein müssen. Mit einem Oberschenkelbruch wurde er vom Hubschrauber ins Krankenhaus geflogen, während die Rennleitung den nächsten Konkurrenten aufrief. *Seine* Karriere als Skirennfahrer aber war für immer beendet. Wir, die Mitglieder dieses Eliteteams, wurden ständig gegeneinander aufgestachelt, um uns beim Wettkampf als Vertreter Kanadas zu qualifizieren. Unser Selbstbewußtsein wurde entweder angeheizt oder vernichtet; jeder war des anderen Feind.

Am Ende der Saison begann ich mich zu fragen, ob ich mich wirklich für diese Sportart – den Abfahrtslauf engagieren wollte. Ich liebte das Skifahren und den Wettkampf, aber ich hatte die Erfahrung gemacht, daß hierbei eher die schlechtesten als die besten Eigenschaften eines Menschen gefördert wurden. Dieses Training war ein treffliches Beispiel gewesen für Motivation durch Einschüchterung statt durch Inspiration.

Die Breadalbane-Expedition wirkte danach wie eine Offenbarung auf mich. Ich beobachtete, wie mein Vater ruhig und effektiv ein Team aus den besten Unterwasserforschern der Welt koordinierte, wie er jedes Wort sorgsam erwog, ehe er es aussprach, und wie er mit heiterer Gelassenheit die niedrigsten Arbeiten verrichtete, solange sie nur zum Erfolg des Ganzen beitrugen. Im Eis vor Beechey Island, weit nördlich des Polarkreises, wurde ich in einer unglaublich harten Umwelt Zeuge der kreativen Zusammenarbeit von Experten wie Emory Kristof von der National Geographic Society, dem weltberühmten Unterwasserfotografen; wie Phil Nuytten, dem Gründer und Chef von CanDive in Vancouver, einer der erfolgreichsten kommerziellen Tauchfirmen; und wie Peter Jess von Jessco, Logistikspezialist und Eisexperte.

Jeder dieser Männer war eine Kapazität auf seinem Gebiet, und trotzdem schienen ihre individuellen Egos eher zu verschmelzen als zu kollidieren. Sie waren ein Team im wörtlichen Sinne, was unserer Nationalmannschaft nie gelungen war. Ich begann zu begreifen, daß dies die richtige Methode war, um große Aufgaben zu bewältigen: Harmonie, nicht Konflikt. Doch sollte ich noch erfahren, wieviel Geschick sie erforderte und daß sie nicht leicht zu erlernen war.

Obwohl keiner dieser Männer auf meinem winzigen Boot mitsegeln konnte, gehörte jeder zu meinem Team, gewährte mir Rat, Hilfe und Inspiration, ermöglichte so meine Expedition und verbürgte schließlich ihren späteren Erfolg.

Es gab noch andere. Miles Wood, ein erfahrener Hochseesegler auf Katamaranen, überzeugte mich, daß Gewicht der kritische Faktor in unserer Planung war; zuviel Gewicht würde das Boot nicht nur langsam und schwer manövrierbar machen, sondern wahrscheinlich auch verhindern, daß wir es nach einer Kenterung wieder aufrichten konnten. Er gab mir viele wertvolle Tips, wie wir die Ausrüstung stauen und das Boot für extreme Bedingungen riggen sollten. Und vor allem schulte er mich im Segeln des einmalig schnellen und wendigen Katamarans Hobie 18. Wenn man bedenkt, daß ich mein Boot nur zwölf Monate vor dem Start von der Werft geliefert bekam – und bis zu diesem Zeitpunkt kaum Segelpraxis hatte –, dann wird klar, wie entscheidend seine Unterstützung war. Dick Long, Präsident von Diving Unlimited International im kalifornischen San Diego, konstruierte die hochmodernen Gore-Tex-Tauchanzüge, die absolut wasserdicht waren und uns das Überleben bei den Minustemperaturen der arktischen Gewässer ermöglichten. Wie diese beiden gab es noch viele, und alle bewiesen besten Teamgeist.

Eines Abends, wenige Wochen vor meinem Aufbruch nach Norden – die Planung war fast abgeschlossen, die Ausrüstung bestellt oder geliefert und die Sponsorenschar rekrutiert –, nahm mich mein Vater nach dem Essen im Familienkreis beiseite.

„Ich will dir eine Geschichte erzählen“, begann er, und da wußte ich, daß es ihm ernst war. „Sie geht nur dich und mich an, denn kein anderer braucht zu wissen, welche Sorgen ich mir mache. Aber dir *muß* ich es sagen.

„Drei von den Meeresforschern, die ich am besten kenne, haben Söhne an die See verloren. *Drei!* Wenn man den Eltern nahesteht und ihr Leid sieht, fragt man sich unwillkürlich, ob da eine bestimmte Gesetzmäßigkeit am Werk ist. Ob für die Söhne von Ozeanologen ein besonderes Risiko besteht.“

Die drei Männer, erzählte er, waren Edwin Link, Jacques Cousteau und Mel Fisher. Link war meines Vaters Mentor gewesen und hatte mit seinem Reichtum und seinem Talent als Designer des Linkschen Pilotentrainers Ausrüstung entwickelt, mit der Taucher in die Tiefsee vorstoßen konnten. 1973 war sein Sohn Clay auf gräßliche Weise umgekommen, erfroren in einem Tauchboot, das sich in den tiefen Gewässern vor Florida an einem Wrack verfangen hatte.

„Ich sah Ed am Tag danach", berichtete mein Vater. „Er konnte nicht aufhören zu weinen. Ich erlebte, wie mein Vorbild zusammenbrach. Es war erschütternd."

Philippe Cousteau, Sohn von Jacques, dem Grandseigneur der Ozeanologen, und seines Vaters ganzer Stolz, war mit meinem Vater befreundet gewesen. Philippe war 1979 mit Cousteaus Flugboot tödlich verunglückt: ein weiterer traumatischer Verlust. „Er war die Seele der CALYPSO", sagte mein Vater, „und sollte das Werk Cousteaus erben und weiterführen. Sein früher Tod war für uns alle unfaßbar."

Und schließlich Mel Fisher, amerikanischer Volksheld und Entdecker einer versunkenen spanischen Silbergaleone. Sechzehn Jahre lang hatte er mit der See und der US-Regierung gekämpft, um den Schatz im Wert von 350 Millionen Dollar aus dem Wrack zu bergen. Jeden Morgen pflegte er zu sagen: „Heute schaffen wir's!" Aber eines Abends im Jahre 1975 kippte das Tauchboot über dem Wrack aus unerklärlichen Gründen plötzlich ab, und Fishers Sohn, seine Schwiegertochter und ein dritter Taucher ertranken darin. Wieder hatte die See einen hoffnungsvollen Sohn gefordert.

„Vielleicht gibt es einen Grund", grübelte mein Vater, „warum sie alle sterben mußten. Vielleicht lag es daran, daß sie alle – wie du auch – mit dem Ozean aufwuchsen, der ihrer Väter Lebensaufgabe war. Kann sein, daß sie vor der See deshalb nicht den nötigen Respekt hatten. Daß sie nicht begriffen, wie bösartig diese Lady sein kann, wenn ihr der Sinn danach steht.

„Ich weiß nicht, ob du wirklich ermessen kannst, wie schnell die Arktis tötet, solange du noch nicht selbst erlebt hast, wie dein Gehirn im kalten Wasser erstarrt oder wie das Eis sich über deinem

Einstiegsloch schließt. Oder wenn so schnell Sturm aufkommt, daß sich dir die Nackenhaare sträuben. Du mußt lernen, die See mehr als bisher zu fürchten. Das *mußt* du – falls du überleben willst."

Mein Vater benutzt manchmal die Redewendung: „Wenn der alte graue Wolf vor deiner Tür hechelt..." Als er so mit mir sprach, spürte ich seine Nähe und roch seinen stinkenden Atem. In der Nacht darauf träumte ich von einem vielzimmrigen Haus auf einem Hügel, düster, gespenstisch, aber von überwältigender Anziehungskraft.

Für mich war eine Tür aufgestoßen worden, aus der mir ein eisiger Wind entgegenwehte, aber schließen konnte ich sie nicht mehr. Denn jenseits davon lagen Wahrheiten, die ich erst noch entdecken mußte, Erkenntnisse über das Leben in Todesnähe, die mir wichtiger waren als die Expedition selbst und ebenso hart, kalt und unerschütterlich wie die Eiswüsten der Arktis.

ERSTES JAHR

1986

20. Juli – 29. August

1. KAPITEL

„Eher friert die Hölle zu,
als daß da einer durchkommt."

Um drei Uhr an einem frostigen Morgen im späten Juli, die Sonne stand nur knapp über dem Horizont, schraubte sich der große Helikopter in die Luft und dröhnte auf die Barrow Strait hinaus.

Wir bogen nach Süden ab, und die Eisdecke unter uns schloß sich immer mehr, bis wir zuletzt, über dem Peel Sound angekommen, nirgendwo mehr eisfreies Wasser sahen. Kein offenes Wasser – und dabei wollten wir in wenigen Wochen hier segeln.

Knisternd übertönte die Stimme des Piloten in meinem Kopfhörer das Knattern des Rotors: „Schätze, das Eis da unten ist im Moment zirka zwei Meter dick. Ihr Burschen könnt genausogut gleich wieder heimfliegen. Eher friert die Hölle zu, als daß da einer durchkommt."

Ich antwortete nicht – was hätte ich auch sagen sollen? Ich hatte jahrelang Eiskarten studiert und wußte, daß wir so früh im Jahr noch nicht viel offenes Wasser erwarten konnten; daß das Eis normalerweise, in der Juliwärme allmählich weich und dünner geworden, erst im August oder September aufbricht, um bald danach wieder zu gefrieren. Trotzdem hatte ich nicht damit gerechnet, jetzt noch auf einen derart lückenlosen Eispanzer zu stoßen.

Wir flogen von der Versorgungsbasis Resolute Bay im hohen Norden südwestlich nach Inuvik im Hinterland der Beaufortsee, und auch der Rest der 2000 km langen Strecke verlief nicht ermutigender. Auf der ganzen Route, die wir zu segeln hofften, blieb die See unter schrundigem, verwittertem Eis verborgen, das mich an eine alte Stuckdecke erinnerte und so gut wie überall einen undurchdringlichen Verhau aus übereinandergetürmten, waggongroßen Eisschollen bilden würde. Die einzigen befahrbaren Gewässer auf der ganzen Route waren eine 130 km lange Strecke an der Küste der Beaufortsee östlich von Tuktoyaktuk und die Mündung des Mackenzie River.

Ich sah mich um nach Mike Beedell auf dem Sitz hinter mir, der vor drei Monaten als Expeditionsfotograf bei mir angeheuert hatte. Wie gewöhnlich, war er mit seinen Kameras beschäftigt; sein Künstlerauge spähte durch das Plexiglasfenster auf der Suche nach Motiven. Mike besaß reichlich Arktiserfahrung, und mir war klar, daß auch er sich jetzt Sorgen machen mußte, obwohl er sich wie üblich nichts anmerken ließ.

Wir hatten zwar gehört, daß dieser Sommer schlechte Eisverhältnisse bringen sollte, aber was wir da sahen, war schlimmer als schlecht. Es war verheerend. So weit waren wir gereist, so hart hatten wir gearbeitet und so lange geplant, hatten Gefälligkeiten (darunter auch diesen Erkundungsflug) von Leuten angenommen, die an uns glaubten, und jetzt sah es ganz danach aus, als sei unsere Expedition vorbei, ehe sie überhaupt begonnen hatte. Ich kam mir vor wie ein Delinquent auf dem Weg zum Schaffott: Umkehren war nicht drin.

Allmählich begann ich mich zu fragen, ob wir uns nicht überschätzt hatten. Mike und ich hatten uns ein Ziel gesetzt, an dem viele berühmte Entdecker der Vergangenheit gescheitert waren. Die gefährliche, geheimnisvolle Aura der Arktis hatte Männer von beträchtlichem Format fasziniert, darunter Martin Frobisher, Henry Hudson, Robert Bylot und den Rest der erstaunlichen elisabethanischen Forscher, bis hin zu ihren unbeugsamen viktorianischen Nachfolgern wie Franklin, Ross, Rae, McClure und anderen. Trotz des vier Jahrhunderte dauernden Ringens mit der Nordwestpassage hatte es noch niemand geschafft, sie unter Segeln zu durchqueren. Kapitän James Cook, vielleicht der bedeutendste Navigator unter ihnen, hatte rundheraus behauptet, daß es auch künftig keiner schaffen würde.

Die Gründe dafür waren stichhaltig, denn die Nordwestpassage ist die schwierigste Seestraße der Welt. Einige Strecken liegen bis zu 800 km nördlich des Polarkreises, und neun Monate im Jahr wird sie auf ihrer ganzen Länge von 3500 km durch Eis blockiert. Sogar im kurzen, nur sechs bis zwölf Wochen währenden Sommer bleibt die Passage zur Hälfte so stark eisverseucht, daß ein Befahren in den meisten Jahren schwierig ist und unmöglich in den anderen. Im Winter steigt die Sonne nicht mehr über den Horizont, der Wind nimmt Hurrikanstärke an, und die Temparatur kann auf –50 °C sinken. Was die Polarnacht an Sicht übrigläßt, verschwindet häufig bei Schneesturm oder White-out* ganz. Im Sommer wird Nebel zum Dauerproblem. Ein Magnetkompaß ist dort oben wegen der Nähe des magnetischen Nordpols unbrauchbar, und moderne elektronische Navigationshilfen werden oft durch atmosphärische Störungen beeinträchtigt.

Immer wieder, über vier Jahrhunderte lang, wurden Forschungsreisende auf der Suche nach dem nördlichen Schiffahrtsweg in den Fernen Osten vom Eis besiegt, das ihre Schiffe umklammerte und manchmal jahrelang nicht wieder freigab, während die Mannschaften nach und nach an Skorbut, Hunger, Erfrierungen und Wahnsinn krepierten.

* Scheinbares Ineinanderfließen von Himmel und Erde bei Schnee und bedecktem Himmel

Selbst die in der Neuzeit endlich gelungenen Durchfahrten mit Dampfkraft, Benzin oder Diesel können an den Fingern einer Hand abgezählt werden; bis auf zwei Ausnahmen schafften es stets nur Stahlschiffe mit spezieller Eisverstärkung und enorm starken Maschinen. Die erste Ausnahme war die hölzerne Slup GJOA des Norwegers Roald Amundsen, mit der er und seine sechsköpfige Crew als erste durch die Nordwestpassage fuhren, und zwar von Ost nach West, unter Segeln und Motor in den drei Jahren von 1903 bis 1906. Die GJOA war ein umgebauter, 22 m langer Fischkutter mit über dreißig Jahren Atlantikdienst auf dem Buckel und verdrängte 47 Tonnen. Während dieser Reise verließ sich Amundsen, der später auch als Erster den Südpol erreichte, meist auf ihren Benzinmotor von 13 PS.

Die andere Ausnahme bildete die ST. ROCH, ein Hilfsschoner der Royal Canadian Mounted Police (RCMP, königlich-kanadische berittene Polizei) und erst das zweite Schiff, dem die Durchfahrt gelang; zugleich war es das erste, das im Westen startete und es hin und zurück schaffte. Im Juni 1940 verließ die ST. ROCH Vancouver unter dem Kommando des RCMP-Sergeanten Henry Larsen und überwinterte auf ihrem Weg nach Osten wie seinerzeit Amundsen in der arktischen Inselwelt. 1944 bewältigte der wackere kleine Schoner die Rückfahrt in nur 86 Tagen.

Baumaterial der 31 m langen ST. ROCH war Douglasfichte mit einer Beplankung aus australischem Eukalyptus, einem sehr harten Holz, das vom mahlenden Eis nicht beschädigt werden konnte. Auf der Hinfahrt war ihre Hauptmaschine ein 150-PS-Dieselmotor, aber für den Ost-West-Trip gönnte man ihr ein 300 PS starkes Modell. Sie konnte dreizehn Offiziere und Mannschaftsdienstgrade beherbergen.

Im Gegensatz dazu verdrängte das erste Handelsschiff, das die Nordwestpassage bezwang – der amerikanische eisbrechende Tanker S. S. MANHATTAN – 138 000 Tonnen und war so lang, wie das Empire State Building hoch ist. Allein sein gepanzerter Bug wog 725 Tonnen, und sein stählerner Gürtelpanzer von 2000 Tonnen war 5 m hoch. Aber trotz dieser Schutzwehr riß das Eis ein 5 x 8 m großes Leck in einen der vorderen Tanks. Im September 1969 preschte die MANHATTAN in nur zwei Wochen durch die Passage und rammte sich durch bis zu 5 m dickes Eis. Aber sie kam nur mit knapper Not ans Ziel und war ständig auf Unterstützung durch den kanadischen Eisbrecher JOHN A. MACDONALD angewiesen. Ihre Werft kam zu dem Schluß, daß Schiffe für den regelmäßigen Handelsverkehr in dieser Wasserstraße doppelt so lang sein müßten wie die MANHATTAN.

Die Route der MANHATTAN und der sie begleitenden JOHN A. MACDONALD führte durch den Lancaster Sound und dann weiter zum Viscount Melville Sound im Norden von Victoria Island. Sie versuchte, durch die eisverstopfte M'Clure Strait in die Beaufortsee durchzubrechen, geriet aber fast in eine Falle. Befreit wurde sie nur mit Unterstützung des kanadischen Eisbrechers und dank eines technischen Tricks: Dampf aus der Kabinenheizung wurde in ihre Kessel umgeleitet und sorgte für ein paar zusätzliche Pferdestärken. So entkam sie mit knapper Not südwärts durch die Prince of Wales Strait in die Freiheit der Beaufortsee.

Amundsen hatte sich für eine südlichere Route entschieden. Er fuhr durch den Lancaster Sound in die Passage ein, wandte sich im Peel Sound nach Süden, schlug einen Bogen um King William Island und erreichte so die Südküsten von Victoria Island und Banks Island.

Bei ihrer West-Ost-Durchquerung der Straße folgte die ST. ROCH meist Amundsens Route und schlüpfte durch die Bellot Strait in den Prince-Regent-Fjord, um die berüchtigte Eisbarriere im Peel Sound zu umgehen. Auf dem Rückweg wagte sie sich als erste an die nördlichere Route, die später auch die MANHATTAN einschlagen sollte, und bezwang die M'Clure Strait, vor der das größere Schiff dann kapitulierte.

Ich hatte mich für Amundsens Route entschieden, nur in umgekehrter Richtung, von West nach Ost. Bei der Wahl des Bootes folgte ich seinem Grundsatz, daß in der Arktis ein kleines Fahrzeug vorteilhafter ist. Wir wollten einen 5,5 m langen Hobie-Katamaran segeln, der voll beladen 280 kg wog, der Crew keinen Schutz bot und in seinen beiden bananenförmigen GFK-Rümpfen nur minimalen Stauraum aufwies. Den Mangel an Schutz wollten wir dadurch kompensieren, daß wir uns die beste Survival-Ausrüstung beschafften, die auf dem Markt war, darunter Trockenanzüge und Coveralls mit integriertem Auftrieb; auch hatten wir vor, so oft wie möglich in einem Bergsteigerzelt zu übernachten.

Unser Hobie Cat würde die Crew zwar ständig dem Angriff der Elemente aussetzen, bot aber als Ausgleich dafür mehrere Vorteile, die kein konventionelleres Boot besaß. Er segelte sehr schnell, selbst bei wenig Wind, und konnte bei Flaute, wenn auch langsam, durch Paddel angetrieben werden. Leicht genug, um bei Sturm aus der Gefahrenzone und an Land gezogen zu werden, war er doch so widerstandsfähig, daß wir ihn kurze Strecken übers Eis schieben konnten, wenn es uns als undurchdringliche Barriere den Weg zum offenen Wasser versperrte. Trotz des begrenzten Stauraums blieb in den beiden Rümpfen und auf dem Trampolindeck genug Platz, um Ausrüstung und Proviant für gut drei Wochen mitzunehmen.

Ich taufte das Boot PERCEPTION („Wahrnehmung“) und ließ seine knallgelben Rümpfe in der Werft mit dünnen Kevlarstreifen verstärken, einem festen Kunststoff, der sogar Pistolenkugeln widerstand. Damit, so hoffte ich, würden dem Boot Kollisionen mit Treibeis nichts ausmachen. Um es leichter und ohne Schaden über rauhes Packeis ziehen zu können, fertigten wir für die beiden bananenförmigen Rümpfe leichte Plastik-„Schuhe“ an, die wie Schienbeinschützer umgeschnallt wurden. Später ergänzten wir das Inventar noch durch ein Paar meiner alten Fischer-Abfahrtski für die wenigen Gelegenheiten, bei denen wir auf relativ glattes Eis stießen. Ich lernte das Hobiesegeln auf den Großen Seen, im unruhigen Golfstromgewässer vor Florida und schließlich im Eis des Lake Huron, wo ich Boot und Survival-Ausrüstung unter Winterbedingungen testete.

Neben den technischen Problemen der Expedition hatte ich ebenso komplizierte geschäftliche Aufgaben zu bewältigen. Im Rahmen meiner Ausbildung an der University of Western Ontario, Fachbereich Betriebswirtschaft, machte ich von 1985 bis 1986 die ersten Organisationsstudien. In meinem zweiten Jahr geriet ich unter Zeitdruck: Meine Polarexpedition ins Rollen zu bringen und gleichzeitig fürs Studium zu büffeln, überforderte mich. Es gab nur eine Lösung: Ich mußte meine Professoren davon überzeugen, daß „Unternehmen Nordwestpassage“ alle Kriterien erfüllte, die für eine Feldstudie in Betriebsorganisation erforderlich waren. Das verlangte mir allerhand Überzeugungsarbeit ab, denn die Professoren erwarteten von ihren Studenten eher Planspiele über neu zu gründende Handwerksbetriebe oder die Einführung konsumgerechter Gebrauchsartikel. Eine Expedition wie meine, die überdies in ferne arktische Regionen führen sollte, schien ihnen zu ausgefallen und sensationell, um auch nur in Betracht gezogen zu werden. Doch am Ende leuchtete ihnen mein Argument ein, daß jede Expedition, selbst die exotischste, als Basis für ihren Erfolg eine solide Geschäftsgrundlage brauchte.

Bald hatte ich ein Team aus vier Kommilitonen zusammengetrommelt – Cathy Stedman, Susan Manchee, Margaret Wahl und Joe Charlesworth. In harter Arbeit erstellten wir ein Konzept, wie die Expedition zu hundert Prozent durch Sponsoren zu finanzieren wäre. Auf 50 Seiten legten wir diesen Finanzplan dar, inklusive Analysen, Prognosen und einer detaillierten Rentabilitätsrechnung. Diese Prüfungsarbeit war bei unseren Konferenzen mit potentiellen Sponsoren eine wertvolle Gesprächsgrundlage – aber nicht nur das. Unser Team errang damit bei der Prüfung auch den ersten Platz unter 3000 Konkurrenten.

Schon seit meiner Kindheit war ich dem Polarfieber verfallen. Mit zehn Jahren hatte ich den Reiz der Arktis zum ersten Mal am eigenen Leibe erlebt, als ich 1973 meinen Vater auf Baffin Island besuchte, wo er Belugawale unter Wasser filmte.

Ein aufregenderes Abenteuer für einen Jungen war schwer vorstellbar – bei mir rangierte es jedenfalls gleich nach einem Flug zum Mars. Zwei Jahre danach war ich wieder im Norden und half Dad, so gut ich konnte, bei seiner Arbeit an einem Film über Narwale. 1978, 1980 und 1983 nahm ich teil an seiner erfolgreichen Suche nach der 1853 vor Beechey Island gesunkenen BREADALBANE, einem der britischen Schiffe, die das Schicksal der verhängnisvollen Franklinexpedition hatten klären sollen.

Bald zog der hohe Norden mich an wie ein Magnet. Obwohl ich die Erlebnisse, die ich meinem Vater verdankte, zu schätzen wußte, drängte es mich doch immer stärker, selbst etwas Besonderes zu vollbringen, etwas Einmaliges, womit ich eine Trophäe der Arktis, und sei sie noch so klein, erringen konnte.

Ich brauchte lange, um diese besondere Leistung genau zu definieren. Es mußte ein Abenteuer mit eigenem Profil sein, in Einklang mit meiner inneren Entwicklung. Einen Großteil meiner Jugend hatte ich daran gewandt, ein Abfahrtsläufer von Weltklasse zu werden, und nun erhoffte ich mir von der Arktisexpedition, daß sie meine wettbewerbsorientierten Instinkte zu etwas Konstruktivem bündeln würde, nachdem sie sich auf den Skipisten ausgetobt hatten. Ich glaube, daß es für das Wirgefühl der Kanadier wichtig ist, die Ehrfurcht gebietende Pracht der Arktis zu verstehen und zu verinnerlichen. Von der Reise erhoffte ich mir, daß sie meinen Landsleuten die nördliche Grenze Kanadas stärker zu Bewußtsein bringen würde, zusammen mit ihren wunderbaren Gaben, die zum großen Teil noch unentdeckt und ungewürdigt waren. Außerdem ist es meine Überzeugung, daß die Gewässer der Nordwestpassage ein Teil Kanadas sind und bleiben müssen. Die Expedition bot uns die Chance, unseren Beitrag zur Festigung kanadischer Souveränität zu leisten.

Schlußpunkt der dreijährigen langen und anstrengenden Planung und Beginn unserer Reise war der 1. Juli 1986, der kanadische Nationalfeiertag. Zerlegt und verpackt in dicke Pappe und Plastik, wurde PERCEPTION für die 10 000 km lange Reise auf ihren Trailer geschnallt. Es sollte westlich quer durch Kanada und dann nach Norden, über den Polarkreis hinaus, bis nach Inuvik gehen, wo die Straße endete. Mike Beedell war schon im hohen Norden, zum Fotografieren in Pangnirtung auf Baffin Island, und sollte in Resolute zu mir stoßen, rechtzeitig für unseren Erkundungsflug im Helikopter. Meine Beifahrerin auf der langen Überlandtour würde Cathy Stedman sein.

Als ich den schwer bepackten Dodge Caravan vorsichtig von unserem Grundstück in Toronto auf die Straße manövrierte, kratzte die Trailerkupplung mit lautem Knirschen über den Bordstein. Wir waren zweifellos überladen, aber in den letzten Wochen hatte das Chaos beim Packen und Organisieren eben seinen Höhepunkt erreicht. Selbst der seetüchtige Kajak, den wir auf dem Dach festgelascht hatten, war bis zum Rand mit Ausrüstung vollgestopft.

Fünf Tage später rollten wir durch Calgary, um im Haus von Peter und Judy Jess zu übernachten. Peter hatte mir schon mit vielen guten Ratschlägen bei der Ausrüstung der Expedition geholfen, und nun wollte ich die Planung ein letztes Mal mit ihm durchsprechen. Auch hatte er uns gerade noch Plätze in dem Hubschrauber besorgen können, der von Resolute nach Inuvik flog, und dazu wollte ich Näheres von ihm erfahren. In Calgary kaufte ich auch eine Flinte, unser äußerstes Mittel gegen angriffslustige Grizzlies oder Eisbären, und Sende-Empfänger für UKW-Flugfunk und für Kurzwelle. Über diese wollten wir mit der zivilisierten Welt in Kontakt bleiben.

Täglich 15 Stunden hinterm Steuer sitzend, fuhren wir von Calgary über Edmonton nach Whitehorse in Yukon und zelteten nachts. Schließlich erreichten wir über eine lange, staubige Schlaglochpiste Dawson und den Anfang des Dempster Highway, die nördlichste Ganzjahres-Fernstraße des Kontinents. Vor uns lagen 1000 Schotter-Kilometer und nur eine Tankstelle, deshalb füllten wir alle Kanister noch einmal voll und brachen dann auf nach Inuvik, wo unsere lange Seereise beginnen sollte.

2. KAPITEL

„Wir hatten gegen eine eiserne Regel verstoßen: das Boot niemals allein zu lassen, unter gar keinen Umständen.“

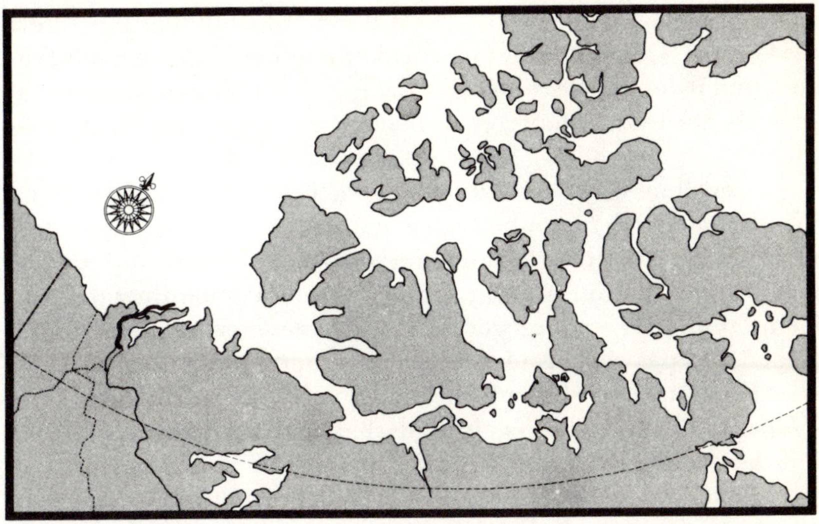

Ganze Schwärme blutrünstiger Kriebelmücken fielen nach dem 18stündigen Hubschrauberflug über uns her, schafften es aber nicht, uns im Inuvik-Camp die lange, erholsame Nachtruhe zu rauben. Der Schlaf gab mir etwas von meiner Zuversicht zurück, so daß Mike, Cathy und ich uns enthusiastisch an den Zusammenbau der PERCEPTION und an ihre Beladung mit Proviant und Ausrüstung machten.

Wir wollten dem Boot die Last etwas erleichtern, indem wir einige Vorräte in den 6 m langen Kunststoff-Kajak stauten, der geschleppt werden sollte. Aber als wir den vollbeladenen Katamaran zu Wasser brachten, lag er immer noch gefährlich tief, und mit dem Kajak im Schlepp hatten wir große Probleme, bei Leichtwind durch die Wende zu kommen. Trotzdem verabschiedeten wir uns gegen 20.00 Uhr am 20. Juli 1986 fröhlich winkend von unseren Hilfstruppen, darunter meine Mutter, Cathy und einige neue Freunde aus Inuvik. Endlich waren wir unterwegs! Ich richtete PERCEPTIONS Doppelsteven auf dem schlammbraunen Mackenzie River flußabwärts, der Beaufortsee 130 km weiter nördlich entgegen.

Bei drei Knoten Schiebestrom hatte ich mir vom Mackenzie eine relativ leichte Etappe erhofft, aber der Nordwind blies uns direkt ins Gesicht. Um überhaupt voranzukommen, mußten wir aufkreuzen, und jeder neue Schlag über die ganze Flußbreite war mühsamer als der letzte. Dauerregen machte die Sache nicht angenehmer.

So segelten wir fünf Stunden lang, bis wir ein Zeltlager im Windschatten der grasbewachsenen Caribou Hills erspähten. Durchnäßt und verfroren landeten wir bei dem Inuitcamp, wo uns eine ältere Frau mit heißem Tee begrüßte: Winnie. Ihr zahnloses Grinsen und ihr wettergegerbtes Gesicht zeugten von dem harten Leben, auf das wir uns hier eingelassen hatten. Aber ihr freundlicher Empfang trotz dieser frühen Morgenstunde gab uns eine erste Probe jener herzlichen Gastfreundschaft im hohen Norden, die uns auf der ganzen Reise zuteil werden sollte.

Auch am nächsten Tag hatten wir Gegenwind und Regen. Mein „wasserdichter" Spezialoverall, ein Prototyp, leckte bereits an einigen Stellen. Außerdem war er mir zu klein, so daß ich mich jedesmal nur schwer bücken konnte, wenn der Großbaum in der Wende überkam. Das Wasser war kakaobraun und so flach, daß wir immer wieder aufliefen, während wir uns einen Weg durch das verwirrende Labyrinth des Flußdeltas suchten. Diesmal übernachteten wir gleich am Ufer; statt mühsam das Zelt aufzubauen, kletterten wir nur erschöpft in unsere Bergsteiger-Schlafsäcke.

Am frühen Morgen erspähte Mike ein Jägerkamp der Inuit auf dem Westufer des flachen Flußarms, auf dem wir zu kreuzen versuchten. Da wir mangels Wind fast gar nicht mehr vorankamen, beschlossen wir, dort vorbeizuschauen. Als wir auf den Strand wateten, erwarteten uns schon zwei Kinder und führten uns zu dem

Platz, wo ihr Vater arbeitete. Die Eskimofamilie hatte vor kurzem einen Belugawal erlegt, und sein Speck und Fleisch hingen auf Gestellen in Streifen zum Trocknen aus. Das stank nach Blut und Innereien wie in einem Schlachthaus und schien jede Stechmücke in meilenweitem Umkreis anzuziehen. Wir palaverten und fotografierten, bis eine aufkommende Brise uns zu PERCEPTION zurückrief.

Der Wind frischte auf, kam aber weiterhin aus Norden, und da der Flußarm sich verbreiterte, wurde das Wasser ziemlich rauh. Bei jeder Wende klatschten die Wellen auf das plastikbeschichtete Trampolindeck zwischen den beiden Rümpfen unseres überladenen Bootes. Wenn es auf dem geschützten Fluß schon so naß segelte, wie sollten wir dann erst auf offener See überleben?

In der Ferne sahen wir das Flußdelta in die Beaufortsee übergehen. Eine Reihe weißer Fahrwassermarkierungen kam in Sicht, der wir bei dem Gegenwind und PERCEPTIONS Schwerfälligkeit kaum folgen konnten. Aber wie wichtig es war, im Fahrwasser zu bleiben, erfuhren wir jedesmal, wenn ein Schwert Grundberührung bekam, das Boot wie an einer Leine zurückgerissen aufstoppte und sich auf seinen Leerumpf stellte. Zwar gab ich dann sofort Lose in die Schot, um den Winddruck im Großsegel zu verringern, aber eine kleine Ewigkeit lang schien es immer, als würde entweder das Schwert brechen oder der Kat kentern. Doch jedesmal fiel er – wenn auch zögernd – wieder auf ebenen Kiel zurück, und wir segelten mit mehr Vorsicht weiter.

Als wir den schützenden Fluß verließen und bei auffrischendem Wind nordöstlich zur Kugmallit Bay liefen, bekamen wir es mit starkem Schwell zu tun. Er zwang uns schließlich, auf einem kahlen Inselchen zu übernachten. Zwischen Felsen und den Wirbelsäulen erlegter Robben, hinterlassen von vielen Generationen jagender Inuit, bauten wir unser Zelt auf.

Wir hatten das Land der „Pingos" erreicht, der Hügel mit eisigem Kern, die in ausgetrockneten Seen oder Flußbetten unter dem Druck des gefrierenden Grundwassers aus dem Permafrostboden wachsen. Diese seltsamen Kegel können bis zu 50 m hoch werden und legen in ihrem Anfangsstadium bis zu einem halben Meter pro Jahr zu. Bedeckt mit gelbbraunem Tundragras, Zwergweiden und

Ried, bestehen sie innen aus hartem blauem Eis, das an der Spitze oft durchbricht und schmilzt; deshalb sehen manche Pingos wie kleine Vulkane aus. Weiter östlich standen Dutzende von ihnen, und wir wußten, daß die ältesten vor über tausend Jahren entstanden waren.

Am frühen Nachmittag des nächsten Tages hatten wir Tuktoyaktuk in Sicht, kamen aber weiterhin nur quälend langsam voran. Der Küste vorgelagerte Untiefen zwangen uns in tieferes Wasser, wo die See so hoch ging, daß PERCEPTION praktisch zum Stillstand kam, wenn ihre überladenen Vorschiffe sich in die Wellen bohrten und ganze Gischtvorhänge hochwarfen. Am 23. Juli erreichten wir schließlich den Hafen von Tuk, drei Tage und 72 Segelstunden nach Inuvik.

Auf dem steinigen Strand drängten sich die fleckigen und verwitterten Leinwandzelte der Inuitfamilien, die hier den Sommer verbrachten. Dahinter erhob sich ein Gewirr von mehreren Dutzend Holzhäusern auf niedrigen Permafrost-Stelzen. Das die Stadt beherrschende Wahrzeichen aber war eine riesige Radarkuppel der DEW(Distant Early Warning)-Kette, denn Tuk war ein Glied im Frühwarnsystem der NATO. Als wichtige Versorgungsbasis für die Ölsucher der westlichen Arktis war es einst eine lebendige Geschäftsstadt gewesen, aber seit dem Sinken der Ölpreise hatte es sich zu einem vollgerümpelten, halb ausgestorbenen Nest rückentwickelt.

In Tuk machten wir uns an die schwierige Arbeit, Ausrüstung und Proviant zu sichten und zu entscheiden, worauf wir notgedrungen verzichten wollten, um unser Boot zu leichtern. Zuerst befreiten wir uns von den experimentellen „wasserdichten" Segeloveralls, die unbedingt noch verbessert werden mußten, wenn sie sich unter diesen Bedingungen bewähren sollten. Wir ersetzten sie durch DUI(Diving Unlimited International)-Anzüge, entwickelt für auf See landende Fallschirmjäger der amerikanischen Marine. Sie bestanden aus atmungsaktivem Gore-Tex-Gewebe und waren wirklich wasserdicht, während sie die Körperausdünstung nach außen durchließen. Von ihrer Fähigkeit, uns relativ warm und trocken zu halten, hing der Erfolg unserer Expedition ab. Tatsächlich hatten wir mit ihnen später kaum Probleme, und die wenigen rührten daher, daß die Anzüge bei Mike und mir mit rassiermesserscharfem Eis in Berührung kamen.

Wir breiteten unsere Ausrüstung am Strand aus und machten einen Haufen aus Reservekleidung, Reserveproviant, nicht unbedingt notwendigem Kamerabeiwerk, Brennstoff und anderem. Damit reduzierten wir unser Sicherheitspolster zwar beträchtlich, doch blieb uns gar nichts anderes übrig, falls das Boot künftig den harten Anforderungen eines Seetörns gewachsen sein sollte. Nach und nach sortierten wir 30 kg Gewicht aus, das meiste davon Reserveproviant; nun besaßen wir nur noch das Minimum für die Etappe bis zur 1400 km weiter östlich gelegenen Cambridge Bay. Nachdem wir den Rest umgepackt hatten, konnten wir ganz auf eines der drei blauen Plastikfässer verzichten, die wir an den Heckbeam gelascht hatten.

Die Inuitkinder am Strand waren fasziniert von unserer Ausrüstung, ganz besonders von unserem seetüchtigen Kajak. Es enthielt ein Funkgerät, Notproviant und ein Zelt, denn es sollte uns als Rettungsboot dienen, falls PERCEPTION auf See irreparabel beschädigt wurde; außerdem gab es für Mike eine Plattform ab, wenn er den Katamaran beim Segeln fotografieren wollte. Bisher allerdings hatten wir den Kajak vor allem als schwimmende Eisbox benutzt, auf deren Boden wir unseren Vorrat an Salami und Käse packten. Ich hatte mich schon gefragt, ob es ein Fehler gewesen war, den Kajak überhaupt mitzunehmen, aber die Kinder hatten da nicht die geringsten Zweifel: Sie standen buchstäblich Schlange, um einmal damit hinauspaddeln zu dürfen. Nach einem dieser kurzen Ausflüge lief ein kleiner Junge, die Rettungsweste noch umgeschnallt, den Strand hinunter davon. Kurz danach kehrte er zurück, einen riesigen, bereits ausgenommenen Fisch auf den Armen: sein Dankeschön an Mike und mich. Wir hätten uns noch mehr darüber gefreut, wenn meine Rettungsweste jetzt nicht mit Fischblut getränkt gewesen wäre, ein für Bären äußerst attraktives Parfüm. Schnell nahm ich den Fisch entgegen, dankte dem lächelnden Jungen, half ihm aus meiner Weste und rannte damit zum Wasser hinunter, um das Blut gleich auszuwaschen. Nichts wäre mir unangenehmer gewesen, als im kommenden Monat wie ein Eisbärenlunch zu duften.

In Tuk lagen zwei Yachten. Eine der beiden, die zweckmäßige, 15 m lange Stagsegelketsch VAGABOND II kam aus Frankreich und ankerte draußen im Hafen. Am staatlichen Pier festgemacht hatte ein elegantes Schiff, das in dieser behelfsmäßigen Umgebung fehl am Platz schien: die BELVEDERE aus New Bedford in Massachussetts, ein rassiger, 20 m langer stählerner Motorsegler mit Deckshaus. Sie gehörte John Bockstoce, einem Archäologen und Arktisexperten, dessen Reiseberichte über den hohen Norden die Zeitschrift National Geographic zur Zeit des BREADALBANE-Fundes zusammen mit denen meines Vaters abgedruckt hatte.

John lud uns in seine komfortable Kajüte ein und entkorkte eine Flasche Wein, während Mike und ich seine umfangreiche Arktisliteratur betrachteten und uns im mollig warmen Deckshaus von seiner formidablen Sammlung an Navigationshilfen beeindrucken ließen. Da gab es mehrere verschiedene Funkgeräte, einen Satnav, Wetter- und Eiskartenschreiber, Radar und vieles andere. Wir wußten schon seit Wochen, daß John in diesem Sommer mit BELVEDERE die Nordwestpassage bezwingen wollte, und nun erzählte er uns, daß die französische VAGABOND II die gleiche Gewalttour plante.

Als ich die starke, raffiniert ausgerüstete BELVEDERE aus der Nähe sah und sie mit unserem kleinen Hobie verglich, bekam mein Selbstvertrauen einen ernsthaften Knacks. Nach ihrem Antennenwald zu schließen, war die VAGABOND II ähnlich gut ausgerüstet, allerdings wurden wir nicht an Bord gebeten. Ihr Skipper ließ uns merken, daß er keinen Pfifferling für unsere Erfolgschancen gab. Doch seine Crew war recht freundlich zu uns.

Eine gute Stunde lang unterhielten wir uns mit John über unsere jeweiligen Pläne, und er gab uns dabei wertvolle Ratschläge. An einen davon sollte ich Wochen später schmerzlich erinnert werden, aber da war es zu spät. „Hier oben“, sagte er, „kann das Wetter so schnell umschlagen, daß einem der Kopf brummt. Deshalb laßt euer Boot niemals allein, unter gar keinen Umständen.“

Bis zum 27. Juli hatten wir genug abgespeckt und fühlten uns bereit für alles, was uns erwartete. Obwohl die Eisverhältnisse für diese späte Jahreszeit immer noch ungewöhnlich schlecht waren, gab es entlang unserer Route doch einige kleine Fortschritte, jedenfalls behaupteten das die Vorhersagen der Experten von Dome Petroleum.

Es wurde Zeit zum Aufbruch. Tag eins unseres Abenteuers begann. Um 08.00 Uhr morgens hatten wir das erste unserer täglichen Funkgespräche mit Jim Godden vom Polar Continental Shelf Project der kanadischen Regierung, der von seiner Basis in Tuk aus unsere Expedition über Funk begleiten und die Rettungseinsätze koordinieren würde, sollten wir uns 72 Stunden lang nicht melden. Zu Mittag aßen wir bei Mikes Freund Andy, einem anglikanischen Geistlichen, der für unsere Sicherheit beten wollte.

Wir warteten bis zum frühen Nachmittag auf guten Wind, aber er kam nicht, deshalb verließen wir Tuk um 16.00 Uhr bei schwacher Brise. Sie reichte nicht aus, um uns gegen die Flut voranzubringen, deshalb packten wir unsere Paddel aus und begannen zu ackern.

Als wir die DEW-Station passierten, kam ein Mitarbeiter mit seiner Kamera zum Strand gerannt.

„Niemand im Süden glaubt mir das ohne Foto“, rief er zu uns herüber.

Wir hatten gerade die Fahrwasserbojen der Hafenansteuerung hinter uns, als Belvedere vorbeimotorte und ihren schnittigen Bug nach Norden richtete. Wir winkten einander zu. Sie war ein prächtiges Boot, aber so jung, wie ich war, hätte ich nicht mit John getauscht; mich mit Perception den Elementen zu stellen, war eher meine Auffassung von Abenteuer.

Als wir offenes Wasser erreichten, frischte der Wind auf, und wir segelten im Trapez bei mäßiger Dünung an der Küste der Tuktoyaktuk-Halbinsel entlang. Es wurde ein herrlicher Ritt, denn Perception war wieder fast die alte.

Die küstennahen Gewässer blieben wegen der Ablagerungen des Mackenzie gefährlich flach, deshalb hatten wir mehrmals Grundberührung, zum Glück ohne ernstlichen Schaden. Nur einmal löste sich dabei die Schleppleine zum Kajak, und wir mußten umkehren, um unser Beiboot wieder einzufangen. Es war 01.00 Uhr morgens, als Kälte und Müdigkeit uns schließlich zwangen, das Lager aufzuschlagen.

Um 08.00 Uhr wachten wir auf, rechtzeitig für unseren Funktreff mit Jim Godden, hatten aber ein Formtief; Regen prasselte aufs Zeltdach, Wind zerrte an der Türklappe, und beim Versuch, unsere Antenne zu installieren, wurden wir von den eiskalten Güssen bis auf die Haut durchnäßt. Die Antenne sollte auf der ganzen Reise ein Problem bleiben: Sie bestand aus einem 20 m langen Draht, den wir zwischen zwei Paddeln im rechten Winkel zu der Richtung aufspannen mußten, in der die angesprochene Funkstation lag. Bald gewöhnten wir uns an, die Antenne abends vor dem Schlafengehen aufzuriggen, damit wir es uns morgens ersparten. Aber oft warf der Wind sie dann nachts um, und ebenso häufig blieb unser Signal zu schwach, um bis Tuk zu reichen.

An diesem Morgen schafften wir es schließlich und gaben unseren Standort durch. Inzwischen aber war der Wind eingeschlafen, deshalb kletterten wir wieder in unsere Schlafsäcke, um uns noch ein paar Stunden auszuruhen. Gegen Mittag bereiteten wir uns dann ein reichliches Frühstück aus Eipulver und dehydriertem Rindsgulasch. Erst gegen 16.00 Uhr war der Wind stark genug, daß es sich lohnte, unser Boot wieder flottzumachen.

Kurz nach dem Start sahen wir unsere ersten Wale, zwei weiße Belugas von der Länge unseres Bootes, die mit einer Geschwindigkeit nach Osten zogen, von der wir nur träumen konnten. Und dann rollte der klamme, eiskalte Nebel heran, der Schrecken aller Navigatoren in der Arktis, und erschwerte es uns, Sichtkontakt mit der Küste zu halten und gleichzeitig in ausreichend tiefem Wasser zu bleiben. Beim Aufbruch hatten wir nachmittags eine Lufttemperatur von 10° C gemessen; als wir für die Nacht unser Zelt in Lee einer Sandhuk aufschlugen, hatten wir gerade noch 1° C, also fast Frost.

Als ich abends eine neue Seite meines Tagebuchs aufschlug, entdeckte ich einen Spruch in Cathys Handschrift, den sie mir vor ihrer Heimreise an diese Stelle geschrieben hatte, zu der ich erst einige Tage nach dem Start kommen würde. Die Notiz endete mit einer Warnung, die mir verriet, daß Cathy mich vielleicht besser kannte als ich mich selbst: „Mit einem Traum so weit zu gelangen, ist wunderbar. Ihn sich zu erfüllen, wäre märchenhaft. Aber du mußt *mit* der Natur, nicht gegen sie handeln." Es sollte noch einige Zeit dauern, bis ich diese Worte so verinnerlicht hatte, daß ich sie umsetzen konnte.

Auch am nächsten Tag verzögerten dichter Nebel, Regen und Flaute unseren Start wieder bis zum Nachmittag. Auf der Höhe von Atkinson Point stießen wir auf unser erstes Eis. Bei unserer Augenhöhe von ein bis zwei Metern über dem Wasser sah es aus wie geschlossenes Packeis, aber als wir näherkamen, entpuppte es sich als dünne Schollenkette quer vor unserem Kurs. Wir hielten auf die Küste zu, wo das Eis mit der Flut gestrandet war, und zogen PERCEPTION über die feste, weiße Barriere wieder in offenes Wasser.

Als wir uns an der Küste entlang in die McKinley Bay hangelten, schloß uns der Nebel wieder ein. Irgendwo zur Linken hörten wir das gedämpfte Brummen von Dieselmotoren und wußten, das waren die Generatoren der nahen Ölbohrinsel von Dome Petroleum. Wir waren zu einem Zwischenstopp mit gutem Essen dorthin eingeladen, aber dringlicher als eine warme Mahlzeit schien es uns, den Ärger mit unserem Funkgerät zu beheben. Es wollte einfach nicht richtig funktionieren, und falls wir es nicht reparieren oder ersetzen konnten, mußten wir nach Tuk zurückkehren. Also änderten wir Kurs und hielten auf das Motorengeräusch zu.

Langsam paddelten wir durch die weiße Suppe, bis sich der riesige Schemen der Dome-Station aus dem Nebel schälte. Seinen Mittelpunkt bildete eine aufgeschüttete Sandinsel von vier bis fünf Hektar, die als Hubschrauber-Landeplatz und Lager für Maschinen, Anker von Lkw-Größe, viele Reihen von 180-Liter-Fässern und andere Vorräte diente. Davor verankert war ein riesiger, U-förmiger Schwimmsteg, der zwei etwa 40 m lange, starke Schlepper umschloß. In ihrer Nähe lagen noch zwei mächtige Schiffe: eines diente als Plattform für ein hohes Bohrgerüst und das andere offenbar als Werkstatt und Versorger. Mehrere kleine Arbeitsboote, alle für die Nacht festgemacht, vervollständigten das gewaltige Bild.

Wir brauchten eine Weile, um das alles zu erfassen, deshalb bemerkten wir das bizarrste Detail erst zum Schluß: eine lebensgroße Kokospalme, komplett mit Kletteraffen, alles aus Stahl und von witzigen Handwerkern mitten auf die Insel gepflanzt.

Niemand nahm uns in Empfang, als wir landeten, und natürlich wollten wir so spät in der Nacht auch keinen wecken. Deshalb zogen wir PERCEPTION auf den Sandstrand und errichteten unser Zelt unter der Palme. Als die Crews morgens zur Arbeit gingen, muß sich ihnen ein toller Anblick geboten haben: ein Hobie-Cat, der Inbegriff des tropischen Lustfahrzeugs, ein Bergsteigerzelt – und das alles auf dem Sand unter ihrer stählernen Palme.

Ein Rettungsboot kam nach uns sehen, und wir wurden auf eines der Schiffe zum Frühstück eingeladen. Diese WORMLINGER war so hoch wie ein dreistöckiges Haus, eine riesige, hochmoderne Reparaturwerkstatt. Ihr geräumiger Rumpf und ihr weites Deck beherbergten fast alles, was zum Neubau eines ganzen Schiffes notwendig gewesen wäre. Von Captain Peter Hughes erfuhren wir, daß dies auf dem Höhepunkt der Ölsuche in der Beaufortsee die gefragteste Werft von ganz Kanada gewesen war.

Wir putzten eine enorme Mahlzeit weg und wechselten dann mit vollem Magen und zufriedenem Gemüt auf ein anderes Schiff über, die CANMAR TUGGER unter dem gastfreundlichen Kapitän John Cowan. Er führte uns auf seinem Schiff herum, das neben dem Versorger am Schwimmsteg lag. Morgens war ein schwacher Westwind aufgekommen, und wir hatten PERCEPTION in Lee der WORMLINGER an ihr festgemacht.

John, Mike und ich standen im Ruderhaus der TUGGER über eine Seekarte gebeugt, als ich zufällig aufblickte und draußen eine knatternde Flagge gewahrte. Der Wind hatte überraschend auf Ost gedreht und stark aufgefrischt. PERCEPTION lag nun im aufkommenden Seegang ungeschützt an der WORMLINGER und lief Gefahr, beschädigt zu werden.

Rasch kletterten wir eine Leiter hinunter und rannten zum Ende des Schwimmstegs. Es drehte mir fast den Magen um, als ich sah, wie PERCEPTION von Wind und See immer wieder gegen die rostige

Bordwand der WORMLINGER geschlagen wurde, die hoch über ihr aufragte.

Unsere Survivalanzüge lagen drei Decks weiter oben im Wohndeck des Schiffes. Bis wir über viele Leitern hinauf und wieder hinunter geklettert waren, hatte es sich eingeweht, und die Seen drohten PERCEPTIONS hohen Aluminiummast gegen die Bordwand zu drücken, wo er sich hinter den stählernen Ankertrossen verhaken mochte. Ich raste die letzte Leiter hinunter und sprang an Deck des Kats, um ihn abzufendern, aber der Seegang war schon zu rauh, und ich konnte ihn nicht mehr freihalten. Ich war außer mir vor Sorge.

Plötzlich traf uns eine besonders hohe Welle, und PERCEPTIONS Mast krachte hart gegen die Bordwand. Als sie wieder zurückrollen wollte, hakte sich ihr Leerumpf unter einen der großen Traktorenreifen, die an WORMLINGER als Fender außenbords hingen. Bevor ich begriff, was geschah, zerknackten die beiden Aluminiumstützen des Steuerbord-Auslegers, auf dem wir beim Segeln ausritten.

„Sie bricht auseinander!“ schrie ich zu Mike hinauf. „Hol ein Boot!“

Inzwischen hatten sich oben ein Dutzend Männer aus WORMLINGERS Crew eingefunden und sahen hilflos von der Reling herab zu, wie PERCEPTION malträtiert wurde. Mike stand jetzt am Fuß der Leiter und hielt die Vorleine des Kats, während ich eine Leine über die Ankertrosse warf, um sie daran aus der Gefahrenzone zu ziehen. Aber es war zwecklos – Mast und Rumpf knallten weiter gegen die Bordwand. Einmal verhakte sich der Mast oben unter der Reling und bog sich gefährlich weit durch, ehe er mit lautem Knall zurückpeitschte.

Ich war schon am Verzweifeln, als endlich wie ein rettender Engel der Schlepper ARCTIC SUN erschien und mir jemand von seinem Deck eine Leine zuwarf. Daran wurde PERCEPTION schnell von der Bordwand frei und zur Insel geschleppt, wo wir sie, verbeult und zerbrochen, auf den Strand zogen. Wir kamen gerade noch rechtzeitig, um unser Zelt einzufangen, das der Wind losgerissen und wie ein Rad über die Insel gerollt hatte, eine Spur aus unseren verstreuten Habseligkeiten zurücklassend.

Etwa um diese Zeit erinnerte ich mich reuig an unser Gespräch mit John Bockstoce auf der Belvedere. Wir hatten gegen ein Gesetz der Arktis verstoßen und mußten nun dafür büßen.

Als wir Perception genauer ansahen, fanden wir unsere schlimmsten Befürchtungen bestätigt. Nicht nur war der Steuerbord-Ausleger gebrochen, auch unser 9 m hoher Mast war etwa im letzten Drittel leicht verbogen. Die Abweichung im Topp mochte nur 10 cm betragen, aber wir wußten, daß dies schon genügen konnte, um das dünnwandige Aluminiumrohr zu beschädigen. War der Mast dadurch zu geschwächt, als daß wir unsere Reise fortsetzen konnten? Niemand auf der Wormlinger wagte eine Prognose. Mit Aluminiummasten von Segelbooten hatten sie keine Erfahrung.

Vom Schiff aus rief ich meinen Vater an und schilderte ihm das Malheur. Er wiederum befragte Hobie-Experten, um sich über den Ernst unserer Lage Klarheit zu verschaffen, aber auch sie konnten nicht viel helfen. Normalerweise, sagten sie, bricht ein Mast, oder er hält. Daß einer verbogen wurde, ohne zu brechen, hatten sie noch nie gehört. Eines allerdings wurde geklärt: Die Chance, daß ein Ersatzmast uns noch vor Saisonende erreichen konnte, war gleich null. Als Dad zurückrief, diskutierten wir das Problem ausgiebig, und am Ende beschloß ich, daß wir vorsichtig weitersegeln würden, in der Hoffnung, daß die Spiere durchhielt.

Wir akzeptierten das freundliche Angebot des Wormlinger-Kapitäns, den gebrochenen Ausleger reparieren zu lassen. Früh am nächsten Morgen gingen zwei gutgelaunte Schweißer ans Werk: Ernie Thomas packte den Ausleger auf die Werkbank und stellte sich davor, während Wayne Anderson ihn festhielt.

Dann stülpte Ernie die Schutzmaske über und entzündete seinen Schweißbrenner. Wenige Minuten später drehte er die Flamme ab, schob die Maske hoch und sagte zu mir: „Da, mein Junge, alles paletti. Besser als neu." Ich hoffte nur, daß er recht behielt.

Aber der Mast konnte nicht geradegebogen werden, ohne ihn noch mehr zu schwächen, und sollte für mich ein ständiger Anlaß zur Sorge bleiben.

Bei dem ganzen verhängnisvollen Zwischenspiel auf der Dome-

Station war der einzige Lichtblick, daß wir unser Funkgerät reparieren konnten, indem eine neue Antenne eingesetzt wurde.

Gegen Mittag waren wir startklar, zusammengeflickt und mit einem enormen Abschiedsessen gestärkt. Noch einmal umkreisten wir die Wormlinger, den Blick besorgt zum Masttopp gerichtet, dann winkten wir der an der Reling aufgereihten Crew ein letztes Mal zu und steuerten Perception auf die McKinley Bay hinaus, getrieben von einem Nordwest von etwa 10 km/h.

3. KAPITEL

„Frühere Expeditionen hatten so schwer unter Hunger zu leiden, daß die Teilnehmer ihre Lederschuhe weichkochten und verzehrten, um überleben zu können.“

Allmählich stießen wir auf immer mehr Eis. Dabei nahm jede Scholle, jeder Berg eine andere Gestalt an, ähnlich wie es Wolken tun. Einmal erinnerte mich das Eis an eine auf dem Rücken schwimmende Schildkröte, ein andermal an eine Robbe; ein Berg sah aus wie Snoopy, verwandelte sich aber beim Näherkommen in ein Walroß. Die Eisvorhersagen, die wir bei unseren morgendlichen Funktreffs erhielten, waren alles andere als ermutigend. Vor allem wurde der Amundsen-Golf, den wir bald überqueren mußten, vom Eis noch völlig blockiert.

Zwei weitere Tage brachten uns in Sichtweite der DEW-Radarstation auf Nicholson Island. Nach einer wunderbaren, durchsegelten Nacht kampierten wir auf dem Trampolin. Gegen 01.00 Uhr morgens hatten wir die Sonne untergehen gesehen, eine schimmernde, orangerote Scheibe, die den ganzen Horizont zu entflammen schien, als sie knapp darunter entlangrollte, um drei Stunden später in neuer Farbenpracht wieder aufzugehen.

Die Kette der 22 DEW-Radarstationen zog sich am nördlichen Rand des Kontinents entlang und sollte frühzeitig vor einem heimlichen Angriff strategischer Bomber der Sowjetunion warnen. Aber Interkontinentalraketen, Satellitenüberwachung, U-Boot-Raketen, Über-Horizont-Radar und andere moderne Waffensysteme machten viele DEW-Stationen schon im Baustadium überflüssig. Die kanadische Regierung hielt sie jedoch weiterhin in Betrieb, weil sie dazu beitrugen, Kanadas Besitzanspruch auf den dünnbesiedelten hohen Norden zu unterstreichen.

Am frühen Morgen des 4.August, als wir auf einem Polster aus gefrorenen Weidenzweigen und Wollgras bei Kap Dalhousie kampierten, sahen wir unsere ersten Karibus. Die Sonne hing knapp unter dem Horizont, und die Rentiere wirkten in diesem gefilterten Gegenlicht wie Scherenschnittfiguren. Mike reckte beide Arme hoch, um ein Geweih vorzutäuschen – den Trick hatte er sich von Inuitjägern abgeguckt –, trotzdem kamen sie nicht näher als rund 200 m. Schließlich zogen sie langsam davon. Später erkletterten wir die gefrorene Steilküste hinter unserem Lager, um ein Gelege Rauhfußbussarde zu fotografieren. Während die Mutter laut schimpfend über uns kreiste, krochen wir bäuchlings so nahe heran, daß wir einen Blick in das Nest werfen konnten, das 30 m hoch über dem Strand am Steilhang balancierte. Darin drängten sich vier wollige Küken wärmesuchend aneinander, zwischen sich ein totes Erdhörnchen, das die Mutter ihnen gerade gebracht hatte.

Bis wir an diesem Tag PERCEPTION schließlich ins Wasser schoben, hatte der Wind auf 35 km/h aufgefrischt und fegte uns durch meterhohe Seen über die Liverpool Bay zum Kap Bathurst. Dabei mußten wir uns beide im Trapez manchmal weit hinauslehnen und den Luvschwimmer stabilisieren, während der Kat auf dem anderen Rumpf dahinpreschte. Das war Segeln in seiner schönsten, berauschendsten Form.

Bei Fastflaute nach Sonnenuntergang entdeckten wir einen mächtigen Grizzlybär, der am Strand nach Nahrung stöberte. Sein zimtbrauner Pelz vor dem erdfarbenen Hintergrund war eine so gute Tarnung, daß wir ihn fast übersehen hätten, als wir lautlos vorbeiglitten. Es war mein erster freier Bär, und ich hielt mehr nach Land zu, um ihn genauer zu beobachten. Aber auch er war neugierig und platschte zu unserer Überraschung durchs Wasser auf uns zu. Er mußte gut 360 kg wiegen, und als er sich triefend auf die Hinterbeine erhob, war er über 2 m groß. Schnell steuerte ich wieder auf See hinaus und betete dabei, daß die schwache Brise nicht gerade jetzt ganz erstarb. Aber dem Grizzly schien nicht zu gefallen, was er sah, denn er ließ sich wieder auf alle Viere sinken. Er watete zurück zum Strand und trabte über die Tundra in einem Tempo davon, das uns zeigte, welch überlegene Raubtiere diese Bären sein können. Eindeutig war hier nicht der richtige Lagerplatz für uns, deshalb segelten wir weiter in das Zwielicht hinein, bis die Sonne gegen 04.15 Uhr wieder aufging. Als wir schließlich Halt machten, hatten wir 90 km hinter uns gebracht, unsere bisher beste Tagesleistung.

Als Mike am nächsten Morgen erwachte, fühlte er sich krank. Seine Halsdrüsen waren geschwollen, und um seinen Zustand nicht noch zu verschlimmern, legten wir einen Ruhetag ein, damit er sich ausschlafen konnte. Wir hatten uns wohl überanstrengt, wenn wir manchmal ganze Nächte durchsegelten, um das günstige Wetter zu nutzen, und jetzt verlangte der Körper sein Recht. Obwohl wir hervorragende Survivalanzüge für kalte Regionen trugen, froren wir oft; Hände und Füße waren fast immer taub vor Kälte. Richtig warm wurden wir nur in unseren Schlafsäcken.

Am 6.August, als wir am Rand der Franklin Bay entlang segelten, stießen wir auf ziemlich dickes Eis. Das Wasser war zu etwa drei Zehnteln davon bedeckt, und es wurde gefährlich, mit hoher Fahrt zwischen den großen Schollen und haushohen Bergen Kurs zu halten. Aber gerade diese Herausforderung machte mir Spaß. Dabei war es ziemlich kalt – um minus 1°C –, und der Wind hatte einen scharfen Biß. Mein schönster Moment kam, als ich eine

Zeitlang im Trapez hing und den Luvrumpf fliegen ließ. Das Gefühl, bei Höchstfahrt so weit draußen über dem Wasser zu hängen, während das Eis unter mir dahinflog, berauschte mich. Es war wie ein steiler Abfahrtslauf zwischen Bäumen.

Mike ging es immer noch mies. Er hatte Halsschmerzen und konnte einfach nicht warm werden. Trotzdem wollte er das Boot unter diesen erregenden Bedingungen auch mal segeln, und ich überließ ihm das Ruder – nicht gern, sondern weil ich es ihm schuldig war.

Fast auf der ganzen Reise sollte die Frage, wer von uns beiden das Boot steuern durfte, für unterschwellige Spannung sorgen. Selbstsucht lag mir fern, aber mir schien der hohe Norden nicht das geeignete Revier zu sein, um jemandem das Segeln beizubringen. Der Sommer hier oben war extrem kurz, und der Unterschied zwischen optimalem Vorankommen und Anfängersegeln konnte uns an einem einzigen Tag viele Kilometer kosten. Außerdem segelte ich nicht nur effektiver als Mike, es war für uns beide auch ungefährlicher, wenn ich am Ruder saß. Trotzdem konnte die Spannung, die sich wegen dieser Frage und anderem zwischen Mike und mir aufbaute, nur als minimal bezeichnet werden, wenn man sie verglich mit den mörderischen Streitigkeiten, die die Geschichte der Arktiserkundung verdunkeln, angefangen von Henry Hudsons Expedition bis hin zu der von Elisha Kent Kane. Im fraglichen Moment kamen mir unsere Meinungsverschiedenheiten jedoch wichtig genug vor, um sie in meinem Journal festzuhalten, wenn ich den Spleen des Tages beschrieb.

Die Wahl des richtigen Partners für die Expedition war eine meiner schwierigsten Aufgaben gewesen. Für die Qualifikation hatte ich verschiedene Anforderungen zusammengestellt: Kenntnisse im Segeln, Fotografieren und Campen, in Navigation und beim Überlebenskampf in der Arktis; außerdem mußte er im Charakter zu mir passen. Im Lauf des Winters 1986 hatte ich ein gutes Dutzend Kandidaten aufgelistet, darunter Leute, die ich schon vom Segeln, Skilaufen und Studium her kannte. Zur gleichen Zeit versuchte ich, die Zeitschrift National Geographic für einen Bericht über meine Expedition zu interessieren. Die Redaktion legte großen Wert auf gute Fotos, und ich begriff, daß ich mir ohne einen Profifotografen kaum Hoffnung auf Veröffentlichung machen durfte. Auch meinen Verpflichtungen den vielen Sponsoren gegenüber konnte ich nur mit hervorragenden Fotos nachkommen. Deshalb rangierte das Fotografieren bald ganz oben auf meinem Qualifikations-Fragebogen, noch vor der Segelpraxis.

Im März 1986 bekam ich Gelegenheit zu einem Gespräch mit Bill Mason, einem der bekanntesten Ökologen und Dokumentarfilmer Kanadas. Er schlug Mike Beedell als möglichen Partner für mich vor. Dieser Fotograf aus Ottawa, sagte er, habe in den letzten Jahren viele Monate in den entlegensten Gegenden der Arktis verbracht, entweder allein oder mit Gruppen die Wildnis bereisend. Vor kurzem hatte er ein schönes Fotobuch über den hohen Norden veröffentlicht und besaß wahrscheinlich die Fähigkeiten, die National Geographic erwartete.

Ich rief Mike an, den die Idee einer Bootsfahrt durch die Nordwestpassage sofort begeisterte; allerdings reagierte er mit vielsagendem Schweigen, als ich erwähnte, daß wir einen Hobie-Cat segeln würden.

„Bist du verrückt?“ fragte er schließlich.

„Total verrückt“, antwortete ich.

„Tja, dann muß ich wohl selbst nach Toronto kommen und mal sehen, wie verrückt du wirklich bist.“

Zwei Wochen später trafen wir uns und segelten vier Tage lang einen Hobie-Cat in der noch vereisten Georgian Bay, um festzustellen, ob wir uns vertrugen. Einmal zogen wir den Katamaran 15 km weit übers Eis, weil wir wissen wollten, ob das zu schaffen war. Es klappte, aber nur knapp, und obwohl das Eis hier unten viel glatter war als im hohen Norden, schlugen wir dabei einen Rumpf leck. Damals beschloß ich, ein Paar Plastikschuhe für die Kiele anfertigen zu lassen.

Wir stellten gewisse Unterschiede in unseren Charakteren fest, auch hatte Mike so gut wie keine Praxis im Segeln. Aber ich fand, daß seine Arktiserfahrung, sein Können als Fotograf und sein ausgleichender Humor dieses Manko bei weitem wettmachten. Außerdem war es unwahrscheinlich, daß ich jemand anderen auftreiben würde, der genauso verrückt war wie ich und Vergnügen daran fand, im offenen Boot durch eisverseuchtes Wasser zu segeln, kalt genug, um einen Menschen in zwei Minuten glatt umzubringen.

Mit dem Eis, auf das wir jetzt stießen, kamen neugierige Sattelrobben, die ihre putzigen Köpfe aus dem Wasser reckten, um uns vorbeizischen zu sehen. Wenn wir sie mit unserer lautlosen Annäherung beim Schlafen auf den Eisschollen überraschten, glitten sie mit einem empörten Platsch ins Wasser. Sie sahen dick und gesund aus, und ich beneidete sie um ihren eingebauten Survivalanzug aus wärmendem Speck. Wenn wir abends vor dem Zelt saßen und unser Essen kochten, hörten wir draußen oft Wale blasen, konnten sie zwischen dem Eis aber nur selten sehen.

Eines Abends lauschte ich beim Tagebuchschreiben den Songs von Bruce Springsteen auf meinem Sony-Walkman. Wir hatten uns gerade den Bauch gefüllt, mit schottischem Eintopf aus dehydriertem Hammelfleisch und Kartoffeln, mit heißem Kakao und einem Apfel. Ich schrieb:

„Leider erstarb der herrliche Wind, der uns morgens so schnell vorangebracht hatte, bald wieder. Deshalb kamen wir nicht so weit, wie ich's mir gewünscht hätte. Aber das tun wir ja nie. Trotzdem muß ich zugeben, daß ich jede Minute unserer Fahrt genieße ... Jetzt bei Sonnenuntergang ist die Luft still. Ein makelloser Tag liegt hinter uns. Dies ist wirklich die schönste Art zu leben."

Zu unserer Freude brachte der nächste Morgen eine Mini-Hitzewelle. Nach dem Frühstück war es schon so warm, daß wir einige Minuten mit nacktem Oberkörper Sonne tanken konnten. Aber bei unserem Funktreff erfuhren wir beunruhigende Neuigkeiten: Die nach Osten bestimmte MARTHA BLACK, ein Eisbrecher der kanadischen Küstenwache, lag nur 60 km vor uns bei Kap Parry fest und wartete darauf, daß sich die Eisverhältnisse im Amundsen-Golf besserten.

Mir schien in der Stimme des Funkers aus Tuk eine gewisse Schadenfreude mitzuschwingen, als er uns diesen Schlag verpaßte.

„Macht ihr immer noch weiter?" fragte er.

„Worauf du dich verlassen kannst!" antwortete ich. Plötzlich schien es mir wichtig, den Eisbrecher einzuholen, und sei es nur, um diesem Funker und den anderen Schwarzsehern zu beweisen, daß sich PERCEPTION beim Segeln in diesen nördlichen Gewässern bewährte. Zweifellos provozierte ein Hobie-Cat hier oben ein gerüttelt Maß an Skepsis und Spott. Aber ich wußte, daß gerade die Eigenschaften, die ihn in den Augen der meisten Leute hoffnungslos ungeeignet machten, entscheidend dazu beitrugen, daß wir dort Erfolg haben konnten, wo größere Boote und Schiffe gescheitert waren. Denn PERCEPTION war schnell; sie konnte bei Flaute gepaddelt werden; wir konnten sie übers Eis ziehen; und wir konnten uns mit ihr bei gefährlich hohem Seegang an Land flüchten.

Die augenblickliche Wetterlage brachte uns leichten, umspringenden Wind und damit frustrierend langsames Vorankommen. Binnen einer Stunde wanderte die Windrichtung einmal um den halben Kompaß, um schließlich zu 100° zurückzukehren. Unter solchen Bedingungen konnte PERCEPTIONS hohes Geschwindigkeitspotential unmöglich zum Tragen kommen. An einem Tag verbrachten wir 15 Stunden auf dem Wasser und kamen doch nur 40 km voran, die meisten davon durch Paddeln.

Die Kombination aus ungünstigem Wetter und langsamer Fahrt machte mich allmählich ungeduldig. Kleine Verzögerungen beim morgendlichen Start nahmen für mich die Ausmaße größerer Krisen an. Ich konnte einfach nicht verstehen, warum Mike es mit dem Aufbrechen nicht eiliger hatte. Ich stellte sein Engagement für die Expedition in Frage. Warum lag ihm mehr daran, gute Fotos zu machen, als unserem Ziel näher zu kommen? Der Sommer war so kurz, und wir hatten noch einen so weiten Weg vor uns. Warum belastete ihn das nicht ebenso stark wie mich? Innerlich rebellierte ich gegen die Ungerechtigkeit der Natur: Warum mußte uns das bißchen Wind, das sie uns gönnte, auch noch zu 80 Prozent genau ins Gesicht wehen?

Aber es gab auch Lichtblicke, wenn wir in der Flaute drifteten; zum Beispiel schütteten wir uns aus vor Lachen über Passagen, die Mike aus einem mitgebrachten lustigen Buch vorlas. Und in meinen besinnlicheren Momenten gelang es mir, die Pracht der Umgebung zu bewundern und Dankbarkeit dafür zu empfinden, daß ich in diesem wundervollen Land unterwegs sein durfte. Ich schrieb in mein Tagebuch:

„Schönheit und Stille verzaubern die Tage. Wenn wir uns nicht ein so weit entferntes Ziel gesteckt hätten, wüßte ich kein größeres Fest für die Augen als diese Umgebung. Eispfannen treiben vorbei, Robben umspielen uns, ab und zu kommt ein mächtiger Grönlandwal ins Bild... Wenn die Sonne sinkt, bringt sie unser gelbes Boot mit ihrem märchenhaften Licht zum Erglühen."

Wir hatten das Gebiet der Smoking Hills erreicht, der „rauchenden Berge". Sie fallen mit ihren schwarzen, 30 Stockwerke hohen Klippen steil zum Meer ab und stoßen Wolken blaugrauer Schwefeldämpfe aus. Die Ursache ist ein seltenes Naturphänomen: Das Gestein der Berge enthält ein leicht zersetzliches Mineral namens Jarosit, das an der Luft bis zu Gluthitze oxidiert. Der glühende Jarosit entzündet den schwarzen bituminösen Schiefer, auch Brandschiefer genannt, und beide kokeln in den Bergen vor sich hin, wobei stinkender Rauch entsteht. So brennen sie schon seit Jahrhunderten, und die stark geschädigte Tundra des Hinterlandes ist für die Wissenschaft ein von der Natur geschenktes Labor, in dem sie die Langzeitwirkung des sauren Regens studieren kann. Wir gingen an Land, um dieses Phänomen zu erkunden und zu fotografieren. Ich merkte, daß ich nur ein Paddel in den mürben Boden stechen mußte, um ganze Rauchwolken aufzujagen. Binnen kurzem bekamen wir beide von den giftigen Dämpfen starke Kopfschmerzen und zogen uns hastig zum Boot zurück. Die Wirkung war etwa so, als hätten wir den Schornstein eines Kohlekraftwerks erklettert und den Kopf hineingesteckt.

Bis zum 9. August hatten wir soviel Proviant verbraucht, daß unsere blaue wasserdichte Plastiktonne nur noch Rationen für 15 Tage enthielt, und Mike hatte kaum 20 Rollen unbelichteten Film übrig. Bis Cambridge Bay, wo wir unsere Vorräte ergänzen konnten, würden wir mit Sicherheit länger als 15 Tage brauchen. Außerdem erfuhren wir morgens über Funk, daß der Eisbrecher MARTHA BLACK von Kap Parry nur 8 km weit gekommen war und immer noch auf die Öffnung des Amundsen-Golfs wartete. Das hieß für uns, den Gürtel enger zu schnallen als geplant, aber wir hatten keine andere Wahl, weil wir soviel langsamer vorankamen als erhofft.

Noch energischer als bisher trieb ich zur Eile an, obwohl der Wind weiterhin streikte. Einmal treidelten wir das Boot sogar an einer 15 m langen Leine vom Ufer aus. Solange uns keine Eisschollen behinderten, ging das schneller als Paddeln. Abwechselnd trottete der eine mit der Leine über der Schulter am Ufer entlang, während der andere das Boot steuerte. Sowie auch nur die leiseste Brise aufkam, segelten wir hinaus, doch nach wenigen Minuten mußten wir wieder zu den Paddeln greifen.

Abends paddelten wir müde an Land und erkletterten eine Anhöhe, um die vor uns liegende Strecke zu studieren. Wir hatten die Franklin Bay zur Hälfte hinter uns und konnten das gegenüberliegende Ufer gerade noch sehen. Es mußte etwa 40 km entfernt sein. Die Bucht schien fast ganz mit Eis bedeckt, aber das konnte auch an der optischen Verkürzung durch unser Fernglas liegen.

Als wir zum Boot zurückkehrten, stöberte ein Grizzly in der Nähe herum. Schnell packten wir Kameras, Stativ und Flinte aus, aber noch ehe Mike ihn im Sucher hatte, bekam der Bär Witterung und verschwand in erstaunlich schnellem Galopp zwischen den Hügeln. In dieser Nacht schliefen wir mit der Flinte zwischen uns. Über dem Knirschen und Mahlen der ständig aneinanderstoßenden Eisschollen meinten wir mehrmals Pranken tappen zu hören, aber wenn wir draußen nachsahen, war kein Bär da. Am Morgen stellten wir jedoch fest, daß unser Antennengerüst umgeworfen worden war.

Noch hatte ich mich nicht entschieden, ob wir die lange Fahrt übers offene Wasser der Bucht wagen oder auf Nummer sicher gehen und am Ufer entlang segeln sollten. Beim Aufbruch war das Wetter nicht gerade ermutigend: dicker Nebel und schwacher Wind, der gerade ausreichte, um unsere Segel zu füllen. Wir waren eineinhalb Stunden die Küste hinauf gekreuzt, als ich Mike schließlich fragte: „Was meinst du? Ist es zu riskant?“

„Machen wir einen Versuch“, schlug er vor.

An dieser Stelle war die Bucht etwa so breit wie der Englische Kanal, und ihre Überquerung in einem kleinen Boot konnte kein Kinderspiel sein, auch nicht bei idealem Wetter. Das aber war für uns alles andere als ideal: dichter Nebel, eine Eisdecke von drei Zehnteln, stark umspringender, leichter Wind und dazu die bange Frage, ob das andere Ufer durch Eis versperrt und damit unzugänglich sein würde.

Was, wenn wir unterwegs von einem Sturm überrascht wurden und wegen eines Eisstaus nicht an Land gehen konnten? Theoretisch war es dann die beste Lösung, in Lee einer großen Eisscholle Wetterberuhigung abzuwarten, aber wir hatten keine Ahnung, ob das auch praktisch funktionieren würde (ein Jahr später sollten wir es unter furchterregenden Umständen herausfinden). Diesmal erübrigte sich die Antwort auf diese Frage, denn etwa in der Mitte der Bucht wurde das Eis immer weniger und verschwand schließlich ganz, zur selben Zeit wie der Wind. Zurück blieb unser Boot – ungeschützt und langsam wie eine Nacktschnecke dahinkriechend. Nur ein Paar verspielter, schnurrbärtiger Robben verkürzte uns die Zeit. Schließlich sahen wir einen Eistaucher und wußten, das Land konnte nicht mehr weit sein. Fünfeinhalb Stunden nach dem Start zur Überquerung erreichten wir das Ostufer der Franklin Bay: Wir hatten unser erstes Hasardspiel gewonnen.

Sobald wir Land sichteten, übernahm Mike das Ruder; ich warf mich aufs Trampolin und las das Buch *Arctic Breakthrough*, in dem ich alle meine Helden wiederfand, darunter Sir John Richardson, der diese Bucht getauft hatte, und Sir John Franklin, der ihr den Namen lieh. Richardson, ein brillanter Universalgelehrter, der seine Karriere als vielversprechender, in Edinburgh ausgebildeter Chirurg begonnen hatte, begleitete Franklin bei den beiden unseligen Expeditionen aufs arktische Festland. Dabei litten die Teilnehmer so furchtbar unter Hunger, daß sie ihre Lederschuhe weichkochen und verzehren mußten, um zu überleben.

Richardsons letzte Überlandreise führte ihn mit 60 Jahren wieder in den Norden, als Teil der ersten Suchexpedition nach seinem früheren Gefährten Franklin; dieser war 1845 bei der Suche nach der Nordwestpassage zusammen mit zwei Schiffen der Royal Navy und 129 Menschen spurlos verschwunden. Franklins Unternehmen war die bestbemannte, bestausgerüstete Expedition gewesen, die bis dahin in dieses Gebiet aufgebrochen war. Er besaß genug Proviant für vier Jahre, und seine beiden Schiffe EREBUS und TERROR waren besonders eisverstärkt gebaut und zusätzlich mit Dampfmaschinen ausgerüstet worden. Das unerklärliche Verschwinden Franklins und seiner Expedition war für die damalige Generation ein ebenso großer Schock wie später der Untergang der TITANIC für ihre Enkel.

Die Aufgabe, Franklin zu retten oder wenigstens zu ermitteln, wo und wieso er umgekommen war, wurde ein Nationalanliegen der viktorianischen Epoche und kostete die britische Regierung, Lady Jane Franklin und private Gönner ungezählte Millionen. Eine Suchexpedition nach der anderen wurde ausgesandt, nebenbei die kanadische Arktis zum erstenmal erkundend und kartographierend.

Unser Landeplatz war die Cracroft Bay, eine von riesigen, durch die Brandung ausgehöhlten Kalksteinbögen gesäumte Bucht, die Richardson 1826 entdeckt hatte. Obwohl der Atem der Geschichte hier fast spürbar war, hatte ich momentan andere Prioritäten. Um Süßwasser zu gewinnen, hackte ich Eis von einer gestrandeten Scholle, und während Mike unser Abendessen kochte, nahm ich ein kaltes, aber notwendiges Bad in der See. Dazu brauchte ich nicht lange, denn nichts treibt einen Badenden nachdrücklicher zur Eile als Minustemperaturen. Trotzdem mußte es sein. Mehrere Schichten warmer Kleidung unter einem Survivalanzug können im Notfall für einen normal gebauten Mann ein Zugangsproblem darstellen. Mike und ich schafften es manchmal nicht ganz im Verlauf unserer Reise. So sind sie eben, die kleinen Nöte des Abenteurerlebens.

4. KAPITEL

„Du mußt mit der Natur,
nicht gegen sie handeln.“

Die Elemente hinderten uns weiterhin daran, gute Fortschritte zu machen, obwohl wir dem neuesten Funkwetterbericht entnahmen, daß das Eis im Amundsen-Golf endlich aufbrach. Am 11. August 1986 verließen wir die Cracroft-Halbinsel bei Nebel und schwacher Brise. Kaum waren wir draußen, legte der Wind von fast null auf über 40 km/h zu. Das war zuviel für PERCEPTION, deshalb flohen wir in den Windschutz der Küste, wobei Mike im Trapez hing, damit wir nicht kenterten. Als wir den Kat aufs sichere Land gezogen hatten, frischte der Wind noch weiter auf, hatte aber den Nebel vertrieben, so daß die Temperatur bei hellem Sonnenschein auf linde 9° C anstieg.

Wenn wir schon nicht segeln konnten, wollte ich wenigstens

arbeiten. Ich schälte mich aus meinem fünffachen Kokon, zog Hemd und Hose an und wanderte, die Schmutzwäsche und ein Stück Seife unterm Arm, einen halben Kilometer landeinwärts zu einem flachen Teich. Zwei Paar Kanadagänse paddelten seelenruhig um mich herum, als ich zu schrubben begann, einen halb überspülten Felsen dabei als Waschbrett benutzend. Sobald die Kleider sauber waren, kam ich selber an die Reihe.

Mike schlief in der Sonne, als ich mit meinem schweren Wäschebündel zum Boot zurückkehrte. Meine Schritte weckten ihn. Einen Blick auf mein frischgewaschenes Haar werfen, nach Seife und Handtuch greifen und zum Teich davontraben, war für ihn eins. Während unsere Kleider danach im frischen Wind trockneten, entdeckten wir in der Nähe des Teichs eine alte Eskimosiedlung. Ihre von Flechten verkrusteten Fundamente aus Stein und Walknochen waren im kümmerlichen Gras gerade noch zu erkennen. Mike schätzte ihr Alter auf 800 Jahre, aber die Gegend konnte sich seither nicht viel verändert haben. Es fiel leicht, sich vorzustellen, wie die Inuitfamilien hier ihrem Tagewerk nachgegangen waren, und als wir so dastanden und die Siedlungsreste anstarrten, fühlten wir uns von ihren Geistern beobachtet.

Sobald der Wind nachließ, segelten wir weiter und erreichten spät abends Kap Parry mit seiner DEW-Station. Mike brauchte dringend frische Filme, und das war nur mit Hilfe der Radarbeobachter und ihres Nachschubs auf dem Luftweg zu bewerkstelligen. Wir zogen das Boot an Land und marschierten rund zwei Kilometer zu dem kleinen Flugplatz, um in der Wetterstation mit dem Mann von der Nachtschicht zu sprechen. Unsere Story beeindruckte ihn nicht sonderlich – anscheinend waren wir schon das dritte Boot, das in dieser Woche vorbeikam. VAGABOND II war erst am Vortag ausgelaufen, und BELVEDERE lag noch im Hafen. Wir riefen die Radarstation an, ob wir am nächsten Morgen ihr Telefon benutzen durften, um den Lufttransport des Filmmaterials zu organisieren, und das Echo dort war ähnlich unfreundlich: „Ruft morgen den Chef an, wenn er aufgestanden ist.“ Bei prasselndem Regen trotteten wir zu PERCEPTION zurück und bauten unser Zelt auf.

Am Morgen segelten wir von Kap Parry 4 km weiter zum Police Point, um etwas näher an die DEW-Station heran zu kommen. Wir fanden den Chef, einen vierschrötigen jungen Mann aus Peterborough in Ontario, und ich spürte, daß er von Mike und mir keine sonderlich gute Meinung hatte. „Muß Spaß machen, wenn man sonst nix zu tun hat“, war sein Kommentar zu unserer Expedition. Trotzdem behandelte er uns mit der traditionellen Gastfreundschaft des Nordens und wies uns zwei Zimmer zu, in denen wir übernachten konnten. Wir verbrachten fast den ganzen Tag am Telefon, um zu arrangieren, daß Mikes Filme zu einer der nächsten DEW-Stationen auf unserer Route geschickt wurden.

Beim Abendessen stopften wir uns voll mit Brathähnchen, Kartoffeln, frischem Gemüse, frischer Milch, ofenwarmen Brötchen, Nußpastete und Eiskrem. Danach spielte ich Shuffleboard mit Dick, dem jungen Stationsleiter, der mir im Lauf des Abends anvertraute, warum er für die Frühwarnkette arbeitete.

„Ich lernte also dieses Mädchen in der Kneipe kennen, wo ich wohnte, und ging ein paar Mal mit ihr aus. Du weißt schon, man trifft sich ab und zu, und peng – plötzlich sagt sie mir, sie ist schwanger und ich bin der Vater.“

Ich dachte mich an seine Stelle und konnte ihm den Schlag in die Magengrube nachfühlen, den ihm diese Eröffnung versetzt hatte.

„Also mußte ich natürlich eine Weile von der Bildfläche verschwinden“, schloß Dick, und ich dachte: Kap Parry ist dafür bestimmt der richtige Ort, du Schweinehund.

Gegen Mitternacht bekam ich bohrende Kopfschmerzen. Der Barmann gab mir zwei Tabletten, und ich verzog mich in mein Zimmer. Es war zum Ersticken heiß, aber ich fand einfach nicht heraus, wie die Heizung abzustellen war. Da öffnete ich weit Fenster und Tür, aber nichts half. Lesend lag ich auf meiner Pritsche und wünschte mich in unser Zelt zurück. Wenn wir nicht so knapp an Filmen wären, dachte ich, würde ich für den Rest unserer Reise um jede DEW-Station einen großen Bogen machen.

Um 09.30 Uhr am nächsten Morgen waren wir draußen und gerieten in knapp zwei Meter hohen Seegang, kamen aber mit einem frischen Nordwest gut voran. Der Wind hatte jedoch einen mehrere hundert Meter breiten Eisgürtel gegen die gesamte Ostküste der Darnley Bay getrieben, was bedeutete, daß uns bei Wetterverschlechterung kein Fluchtweg offenstand. Unter diesen Bedingungen liegt zwischen dem zusammengeschobenen Eis und dem offenen Wasser eine Zone, in dem Brucheis und Schollen wie in einem kochenden Kessel herumwirbeln, und darin hätte ich für PERCEPTIONS Rümpfe keinen Cent mehr gegeben. So hatten wir nun also unseren Sicherheitsfaktor verloren, aber gar keine andere Wahl als weiterzusegeln, von Gischt durchweicht und die Faust im patschnassen Handschuh um die Pinne gekrampft.

Binnen kurzem war die Wellenhöhe auf 3 m angewachsen, und dann blieb der Wind weg. Höllische 35 Minuten lang wurde das taumelnde Boot von den steilen Seen hin und her geworfen, wogegen unser Magen energisch protestierte. Der geschleppte Kajak spielte an seiner Leine verrückt, stieß von achtern immer wieder gegen die Ruder, sprang sogar mehrmals aufs Trampolin und drohte Mike und mich aufzuspießen. Zuletzt brach seine Schleppleine, und wir mußten ihn paddelnd wieder einfangen.

Wir merkten, daß wir auf den Eisgürtel zutrieben, der sich in Ufernähe bedrohlich hob und senkte, und schwangen die Paddel mit wachsender Hast, um dieser tödlichen Falle zu entgehen. Als endlich wieder Wind aufkam, steuerte ich ein 2 km entferntes Inselchen an, wo wir kurz landen wollten, um unsere Seekrankheit abklingen zu lassen und PERCEPTIONS Rigg durchzusetzen. Die Steuerbordwanten waren bei dem Unfall an der Bohrinsel stark gedehnt worden, und wir fürchteten, daß sie bei zuviel Lose und diesen heftigen Mastbewegungen brechen könnten. Auch dem Mast selbst trauten wir nicht zu, daß er bei dieser Hacksee lange durchhalten würde.

Erst als wir sicher gelandet waren, wurde uns das Wüten der Elemente ringsum so richtig bewußt. An der Luvseite des Inselchens explodierten die Brecher förmlich an den Kalkklippen und jagten dabei 15 m hohe Gischtfahnen in die Luft. Lange standen wir so und beobachteten das Toben der Brandung, damit sich uns die Lektion auch wirklich einprägte: Diese Gewässer hier waren lebensgefährlich und mußten mit Respekt und Vorsicht angegangen werden. Tonnenschwere Berge wurden etwas weiter unten wie Eiswürfel auf den Strand geschleudert; jeder einzelne hätte PERCEPTION wie ein Insekt zerquetschen können. Als die Sonne sank, stachen ihre Strahlen wie blutrote Flammenspeere durch die langen Kumulusbänke, die am südlichen Horizont eine aufziehende Schlechtwetterfront ankündigten. Wir übernachteten an Land.

Der nächste Tag war Mikes 29. Geburtstag, und wir verbrachten ihn auf unserem Inselchen, um den Sturm sich austoben zu lassen. Als Mike abends einen Erkundungsgang machte, blies ich einige Luftballons auf und kramte die Flasche Wein hervor, die man uns geschenkt hatte. Nach seiner Rückkehr feierten wir ein bißchen und leisteten uns ein paar seltene besinnliche Minuten, als Mike sich an seine letzten sieben Geburtstage erinnerte, die er alle nördlich des Polarkreises gefeiert hatte. Allmählich konnte ich ermessen, wie sehr er diese eisige, aber faszinierende Welt hier oben liebte.

Früh am nächsten Morgen überquerten wir in weniger als drei Stunden die 30 km breite Öffnung der Darnley Bay. Dabei flogen wir förmlich über die nur noch knapp 1 m hohen Wellen, getrieben von einem messerscharfen 20 km/h-Wind aus Nordost. Die schnelle Fahrt bedeutete aber auch, daß wir das Dorf Paulatuk am Eingang der Bucht rechts liegen ließen, wo wir vielleicht Filme für Mike hätten kaufen können. Mir war der Zeitgewinn wichtiger, Mike aber war anderer Meinung. Ich erinnerte ihn an die durchaus noch berechtigte Hoffnung, daß die bestellten 20 Filmrollen in einer der vor uns liegenden Frühwarnstationen abgegeben wurden.

Wir rundeten Pearce Point und gelangten in einen herrlich geschützten Naturhafen; mitten drin lag eine malerische Kalksteininsel, deren Form an ein Schlüsselloch erinnerte. Wir kampierten bei einer aufgegebenen alten RCMP-Station, und Mike entdeckte auf einer ihrer Innenwände folgende Inschrift: *BELVEDERE-CREW, 11. August 1986.* Das hieß, John war nur vier Tage vor uns hier durchgekommen!

Am nächsten Tag hatten wir mäßigen Wind, aber meist von vorn, so daß wir ständig kreuzen mußten. Mike saß fünf Stunden lang am

Ruder, doch ich konnte mir nicht helfen – er schien viel mehr Interesse für die vorbeigleitende Landschaft zu zeigen als für die Turbulenzfädchen am Großsegel; dabei stellte nur ihre genaue Beobachtung sicher, daß wir auch noch das letzte Quentchen Leistung aus dem Boot herausholten. Es fehlte ihm einfach an seglerischem Instinkt, und das sagte ich ihm auch, allerdings zu unverblümt. Er wurde sauer und konterte, er sei Forscher, kein Regattasegler. Das machte mich nachdenklich, und ich suchte nach den rechten Worten, um ihm zu erklären, warum es so wichtig war, bei günstigem Wind eine möglichst große Strecke zurückzulegen: nicht nur um ehrgeizig Kilometer zu fressen und ein abstraktes Ziel zu erreichen, sondern weil uns so wenig Zeit blieb, all die Leute, die an uns glaubten – vor allem unsere Sponsoren –, nicht zu enttäuschen. Aber ich merkte, daß es ihm schwerfiel, sich ebenso verpflichtet zu fühlen wie ich, weil er an der Planung der Expedition und an den Verhandlungen mit Sponsoren nicht beteiligt gewesen war und auch nicht wie ich Versprechen abgegeben und Gefälligkeiten von Freunden angenommen hatte.

All das wollte ich ihm sagen, aber was ich herausbrachte, war nur: „Unsere Sponsoren schicken uns nicht hier herauf, damit wir die Gegend bewundern. Sie wollen, daß wir die Passage schaffen!"

So etwas zu einem Mann wie Mike zu sagen, war ein Fehler.

Vergeblich versuchte ich, auf dem Trampolin ein bißchen zu schlafen, aber es war einfach zu kalt. Eine Weile hörte ich *The Big Chill* in meinem Walkman, aber das konnte mich nicht lange reizen; zum ersten Mal auf dieser Reise ödete mich das Segeln an. Es war zu frustrierend, Kilometer nach Kilometer mühsam gegen den leichten Wind aufzukreuzen.

Als die Sonne um 23.00 Uhr unter den Horizont sank, zogen wir PERCEPTION an Land. Um elf Uhr abends! In der Liverpool Bay war sie erst um 01.00 Uhr nachts untergegangen. Der Sommer verabschiedete sich.

Es dauerte noch einen ganzen Tag, ehe günstiger Wind aufkam, und es wurde ein Tag der Ärgernisse. Wir paddelten, bis unsere Hände Blasen bekamen; wir gingen an Land und wanderten durch die Gegend, um Rentiere und Robben zu fotografieren; wir versuchten, in den Flüssen Forellen zu fangen – vergeblich. Der Kajak, zunehmend lästig und gefährlich, riß dem Kat einen seiner Ruderköpfe ab. Wir reparierten ihn mit Schnellkleber, aber er brach gleich wieder, und wir mußten die Reparatur wiederholen. Ich hatte ständig Rückenschmerzen und wußte nicht woher, es sei denn, ich hatte mich verhoben, als wir das Boot während des Sturms auf das Inselchen zogen. So blieb uns nichts weiter übrig, als um frischen West- oder Südwind zu beten.

Es war ein West, der schließlich am späten Nachmittag des 19. August aufkam, zunächst als schwache, laue Brise. Um ihn optimal auszunutzen, verlagerten wir unser Gewicht auf die Vorschiffe. Dann begann es stark zu regnen, und plötzlich traf uns die erste Bö wie ein Hammer. Schnell kroch ich auf meinem Rumpf nach achtern, aber Mike verhedderte sich auf seinem Vorschiff, als er verzweifelt versuchte, die Fockschot loszuwerfen. Ehe ihm das gelang, hob PERCEPTION das Hinterteil in die Luft und bohrte die Steven in die See. Ich lehnte mich so weit nach achtern wie möglich, aber es reichte nicht. Die Vorschiffe waren jetzt ganz unter Wasser, und immer noch ließ die Bö uns nicht los. Jeden Augenblick konnten wir über Kopf kentern. Mike stand das kalte Wasser bis zur Brust, das vordere Trampolin war zur Hälfte eingetaucht. Ich klammerte mich auf meinem trockenen Hochsitz fest und hielt den Atem an. Dann endlich verloren wir langsam an Schwung, der Auftrieb in PERCEPTIONS Rümpfen gewann die Oberhand, und ihre Vorschiffe sprangen wie Korken aus dem Wasser.

Der Wind frischte weiter auf, und während Mike die Fock einrollte, hielt ich auf die zum Glück recht nahe Küste zu. Vierkant segelten wir das Boot auf den Strand, wobei der Kajak von den Wellen gegen unser Heck geworfen wurde. Es krachte fürchterlich, zum Glück ohne Folgen. Wortlos starrten wir einander an.

Als wir unsere fünf Sinne wieder beisammen hatten, beschlossen wir, es noch einmal zu versuchen, diesmal aber mit dreifach gerefftem Groß. Der Wind brachte es inzwischen auf 45 km/h, also gut Windstärke 6, doch die Seen waren nicht höher als 1 m. Wenn wir dicht unter Land blieben, dachte ich, waren wir in Sicherheit.

Aber der Seegang wurde rasch gröber, und die nachlaufenden

Wellen warfen den Kajak immer wieder gegen unsere Hecks. Als er zweimal umgeschlagen war und Mike ihn nur unter enormer Anstrengung wieder aufrichten konnte, beschlossen wir, Feierabend zu machen. Die Seen waren inzwischen 2 m hoch, und wenn sie auf den steinigen Strand donnerten, luden sie rollende Eisbrokken von Fußball- bis Autogröße ab. Wir konnten die Fahrt nicht schnell genug aus dem Boot nehmen, um es vorsichtig durch die gigantische Eismühle zu manövrieren, deshalb schossen wir vierkant hindurch und auf den Strand. Die Landung war sehr holprig, trotzdem sprangen wir sofort über Bord, um das Boot aus der Gefahrenzone zu ziehen, wobei die Brandung fast über unseren Köpfen zusammenschlug. Zum zweitenmal an diesem Tag hatten wir Glück und kamen ohne Kratzer davon.

Die ganze Nacht heulte der Wind um unser Zelt, zerrte an dem dünnen Stoff und drohte mehr als einmal, PERCEPTION umzuwerfen. Wir legten den Kajak quer über ihre Rümpfe, um sie durch das zusätzliche Gewicht am Boden zu halten; trotzdem stand ich mehrmals auf, um nach ihr zu sehen. Am Morgen war der Strand mit Eisbrocken jeder Form und Größe übersät, und es kostete uns große Anstrengung, sie durch dieses Wirrwarr ins Wasser zu schieben. Endlich schwamm sie, und als die Segel sich füllten, kletterten Mike und ich an Bord. Ein Blick zurück: Der Kajak lag noch an Land! Wir wendeten auf ein eisfreies Stück Strand zu, und während Mike PERCEPTION ständig hielt, zerrte ich den verdammten Kajak über Kiesel, Fels und Eis zu ihr hin.

Wir passierten Clifton Point und fuhren in die Dolphin and Union Strait ein, so benannt nach den beiden offenen Booten, in denen Richardson diesen Küstenstrich erkundet hatte. Dabei hörten wir über uns plötzlich ein Flugzeug brummen. Mike holte das Funkgerät heraus, und wir riefen den Pilot auf der Notfrequenz 212.5 MHz. Bald sahen wir die Maschine, eine Fairchild der DEW-Kette, und als der Pilot sich meldete, wechselten wir auf einen allgemeinen Arbeitskanal, um nach der Eislage zwischen uns und der Cambridge Bay zu fragen. Wir erfuhren, daß es voraus zwar reichlich Eis gab, aber ein Durchkommen noch im Bereich des Möglichen lag.

Das war ein hochwillkommener Hoffnungsschimmer; wir hatten in 25 Tagen 1200 km zurückgelegt und noch 580 km bis zur Cambridge Bay zu bewältigen, unserem Etappenziel für diesen Sommer. Falls wir unsere Tagesleistung nicht wesentlich verbessern konnten, lagen zwölf Segeltage vor uns, bei Proviant für nur neun Tage.

Fast den ganzen Tag plagte uns leichter, umspringender Wind mit gelegentlichen Flauten, und wir mußten wieder paddeln, bevor wir neben einem vielversprechenden Flüßchen für diesmal Schluß machten. Doch wieder hatten wir kein Glück mit unserer Angelrute.

Der nächste Tag begann damit, daß Mike uns bei Totenflaute am Ufer entlang treidelte. Dann, gerade als ein bißchen Wind aufkam, zerbrach ich das Ruder an der Stelle, wo es schon zweimal repariert worden war. Den Strand säumten jetzt 85 m hohe Kalksteinklippen, und Mike mußte an ihrem Fuß von Fels zu Fels springen, um das Boot wieder einzuholen. Mit nur einem Ruder steuernd, segelten wir ungeschickt weiter und bogen um eine Landzunge, an der die Steilküste endete. Dahinter kam ein Mast in Sicht, allerdings in unmöglichem Winkel in die Luft ragend. Bald darauf erblickten wir auch den dazugehörigen Rumpf: einen umgekippten Fischkutter, dessen Name – NECHELIK – noch gut lesbar war. Nach dem Rost zu urteilen, lag er mindestens schon zwanzig Jahre auf diesem Strand. Wir untersuchten das Wrack und fanden in der Vorderkajüte zwei Ausgaben der *Winnipeg Free Press*, datiert vom 9.November 1966 und vom 3.Januar 1967. In einer Anzeige darin wurde eine „brandneues“ Auto für ganze 1499 Dollar angeboten. Später erfuhren wir, daß die NECHELIK ein Patrouillenboot der RCMP gewesen war und vom Sturm aufs Land gedrückt wurde.

Ein weiterer kurzer Treidelversuch mit PERCEPTION folgte, endete aber mit Frust, denn bei nur einem Ruder konnte ich sie nicht von der Küste freihalten. Mike wanderte zurück zur NECHELIK in der Absicht, sie nach Schlauchklemmen oder anderem Reparaturmaterial zu durchsuchen, während ich an einem überzähligen Rüsteisen herumzufeilen begann, mit dem ich den Ruderkopf verstärken wollte. An der Bruchstelle kratzte ich den Hartschaum aus dem Plattenkern, bog das Rüsteisen passend und drückte es in den Zwischenraum, dann füllte ich den gebrochenen Ruderkopf mit Epoxy und setzte ihn wieder auf. Inzwischen war Mike mit einer Schlauchklemme zurückkehrt, die wir zurechtschnitten und über den Bruch schraubten. Zuletzt verstärkten wir das Ganze mit Gewebestreifen und Kunstharz. Es schien zu halten.

Wir hatten uns so auf die Reparatur konzentriert, daß wir das Geräusch zunächst gar nicht wahrnahmen. Dann sagte Mike plötzlich: „Hörst du das? Paß mal auf!"

Es war der helle Schrei eines Wanderfalkens, der sein Nest wohl auf den Klippen hinter uns hatte. Pestizide und illegale Jagd hatten diese Vogelart fast ausgerottet, erzählte Mike. Aber hier segelten wir durch eines der letzten Rückzugsgebiete, wo der Wanderfalke noch in Freiheit leben konnte. Bewegt standen wir da und lauschten seinem durchdringenden Ruf.

Bis wir mit PERCEPTION wieder starten konnten, war Nebel aufgezogen. Trotzdem wehte noch eine frische Brise, also segelten wir weiter – bei Sichtweiten um 100 m. Mit Hilfe unseres Funkpeilers fanden wir kurz nach Sonnenuntergang schließlich die DEW-Station auf Kap Young.

Am Morgen wanderten wir zur Station hinauf und fragten den Boss dort, ob Mikes Filmsendung angekommen war. Fehlanzeige. Der Boss hieß Harry und war ein verkrusteter Veteran mit 23 Jahren Arktis auf dem Buckel, ausschließlich deshalb, weil hier oben gutes Geld bezahlt wurde. Wir schafften es nicht, ihn für unsere Expedition zu interessieren, deshalb verschwanden wir nach etwas Small-talk aus seinem Büro, um zum Boot zurückzukehren. Als wir an der Küche vorbeikamen, drangen so köstliche Düfte heraus, daß uns das Wasser im Mund zusammenlief. Aber da war wohl nichts zu machen.

Wir standen schon am Ausgang, da steckte der Koch den Kopf um die Ecke und fragte: „Wollte ihr Burschen denn nicht zum Lunch bleiben?" Da würden wir nicht nein sagen, antworteten wir, und er fragte sicherheitshalber bei Harry nach. „Geht in Ordnung." Er deutete den Flur hinunter. „Hier entlang."

Wir rissen uns die Jacken vom Leib, fanden den Speiseraum und

1

1 Unser Dodge mit PERCEPTION im Schlepp am Polarkreis. Bevor wir in Inuvik starten konnten, mußten wir erst 7000 km quer durch Kanada trecken.

2 Im Trapez hängend, segle ich den Kat bei steifer Brise durch eisverseuchtes Gewässer.

3 Die rauchenden Berge an der Franklin Bay, die fast 80 km lang die Küste säumen: eine infernalische Landschaft mit lebensgefährlichen Schwefeldioxid-Dämpfen.

2

3

4 Direkt neben unserem Boot taucht eine Bartrobbe zum Luftholen auf.

5 Das einjährige Eisbärenjunge drückt sich schutzsuchend an seine Mutter, die mißtrauisch unsere Witterung prüft.

6 Ein neugieriger Belugawal im Cunningham-Fjord.

7 Mike studiert die Spur eines riesigen Eisbären, der einen kompletten Kreis um uns schlug, während wir PERCEPTION übers Eis schoben.

4

5

6

7

8

9

8 Um zwei Uhr morgens, in der hellen nordischen Nacht, runden wir Kap Clarence, ein steil aufragendes Kalksteinmassiv von 600 m Höhe.

9 Unser Hilfsantrieb: die Paddel. Auf der ganzen Reise wurde Perception wohl über 80 km weit von uns gepaddelt.

10

11

10 Traurige Wracks gestrandeter Schiffe erinnern uns wie dieses RCMP-Boot an die allgegenwärtige Gefahr. Es ist die vor über 20 Jahren gescheiterte NECHILIK.

11 Dieses Wrack ragt nur knapp übers Wasser. Es ist Roald Amundsens MAUD, daß Schiff seiner zweiten Arktis-Expedition.

12

12 Perception hält auf die rauchenden Berge der Franklin Bay zu, damit wir sie aus nächster Nähe studieren können.

13

14

13 Im weichen Licht der Mitternachtssonne erkundet Jeff McInnis (links) die beste Route übers Eis.

14 Tägliche Wartung des Materials ist unerläßlich für Sicherheit und Erfolg der ganzen Expedition. Nur eine einzige technische Panne – und ein Scheitern wäre vorprogrammiert.

15

16

15 Ohne Spezialkleidung müßte ein im Eismeer Treibender binnen fünf Minuten sterben.

16 Während der Rast auf einer Eisscholle verschlingen wir, hungrig wie immer, einen gefriergetrockneten Imbiß.

17 Windgeschwindigkeiten um 35 m/s und 6 m hohe Seen bringen uns dem Tod näher als jemals zuvor. Nur zwei in die auseinanderbrechende Scholle geschraubte Eisnägel geben uns eine Überlebenschance.

17

18

19

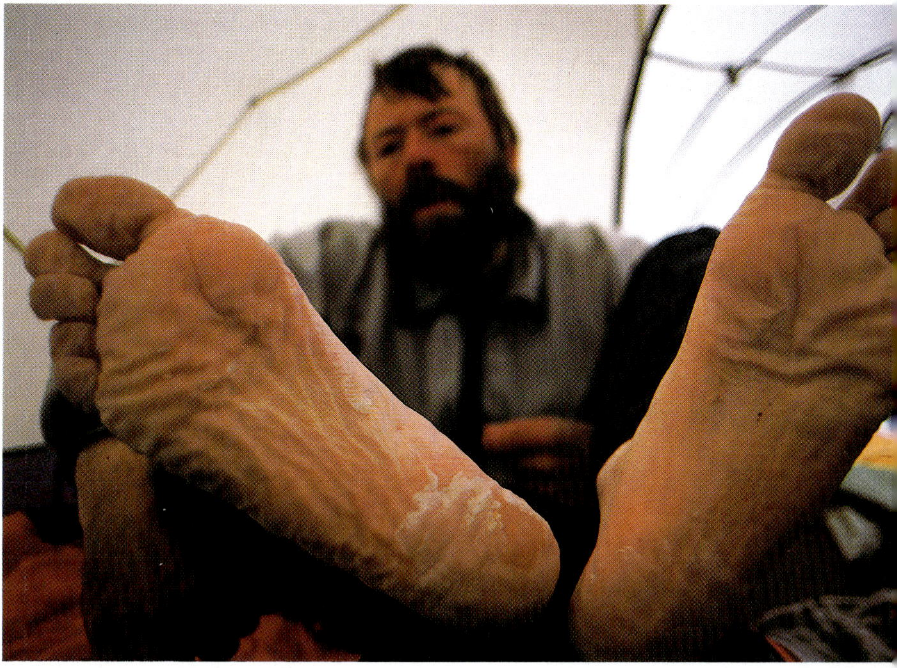

18 Wir küssen den Strand vor Erleichterung, als wir nach 16 höllischen Stunden in Orkan und 5 m hohen Seen wieder festen Boden unter den Füßen haben.

19 Mike leidet unter Waschfrauenhaut und Erfrierungen an den Füßen, die zu lange dem eisigen Wasser und dem Frost ausgesetzt waren.

begannen reinzuhauen. Einige der anwesenden Techniker fingen an, uns Fragen zu stellen, und zwischen den Bissen antworteten wir ihnen auch, wurden aber abgelenkt durch das Jauchzen und Johlen ihrer Kameraden, die sich beim Essen ein Pornovideo ansahen: Vormittag auf einer Frühwarnstation.

Daß wir begeistert Einladungen zu Mahlzeiten in den DEW-Stationen annahmen, lag weniger am guten Essen dort – obwohl es zweifellos sehr schmackhaft war – und schon gar nicht an der Umgebung. Es lag einfach daran, daß Mike und ich ständig hungrig waren. Bei der Planung der Expedition hatte ich mehrere Ernährungswissenschaftler befragt, die mir empfahlen, soviel Proviant mitzunehmen, daß pro Person und Tag 0.7 kg Nahrung von insgesamt 4000 Kalorien zur Verfügung stand. Das war ein durchdachter Kompromiß zwischen unseren Bedürfnissen und der Notwendigkeit, das Boot so leicht wie möglich zu halten. Cathy und ich hatten vor dem Start entsprechende Tagesrationen in wasserdichte Plastikbeutel verpackt. Doch dann verbrauchten Mike und ich in dieser unwirtlichen Umgebung so viel und so rasch Energie, daß wir uns eigentlich nur unmittelbar nach den Mahlzeiten gesättigt fühlten. Den Rest der Zeit quälte uns Hunger.

An diesem Tag kamen wir bei Sonnenschein und mäßigem Ostwind gut voran, bis wir am späten Nachmittag Kap Hope und danach Kap Bexley rundeten. In unserem Rücken kroch eine Sturmfront von Nordwesten heran. Sie schickte eine Flaute vor sich her, die uns am frühen Abend erreichte und das Boot in einer unheimlichen Stille dümpeln und treiben ließ. Dann brach der Regen los und wurde schnell zu Schnee; Katzenpfoten begannen die Wasseroberfläche zu riffeln. Innerhalb von zehn Minuten hatten wir Windgeschwindigkeiten um 40 km/h und mußten die Fock einrollen, während wir mit Affenfahrt an der Küste entlang preschten. Wir segelten jetzt genau vor dem Wind, und die Wellen wurden rasch höher. Ich wußte, wir waren zu dicht unter Land und liefen Gefahr, auf einen überspülten Felsen zu brummen, was bei diesem Tempo katastrophal enden mußte. Eine Halse von der Küste weg kam nicht in Frage; der Wind war jetzt so stark, daß sich die Kunststofflatten im Großsegel weit nach vorne durchbogen und zu brechen drohten. Bei einer Halse mußte der Baum mit solcher Gewalt übergehen, daß das Rigg Schaden nehmen konnte. Außerdem mochte der Wind den Kat beim Manöver umwerfen, wobei Mike und ich bestimmt in weitem Bogen im eiskalten Wasser landeten und sich der Mast wahrscheinlich in den Grund bohren und wie ein Streichholz zerknacken würde.

Das Herz klopfte mir bis zum Hals, während ich darum kämpfte, PERCEPTION unter Kontrolle zu halten. Eben noch war mir kalt gewesen, aber jetzt begann ich zu schwitzen. Wir hockten beide so weit wie möglich achtern auf den Rümpfen und wagten es nicht, unsere verkrampften Glieder zu strecken oder eine bequemere Haltung einzunehmen – aus Angst, wir könnten das haarscharf ausbalancierte, dahinrasende Boot umwerfen.

Ich war stark versucht, mich aufs Land zu flüchten, doch wir machten so herrliche Fahrt – 30 km in der letzten Stunde, und das mit nur *einem* Segel! Und da sollte ich jetzt das Handtuch werfen? Ich brachte es einfach nicht über mich. Aber die See ging immer höher, und PERCEPTION tat sich immer schwerer mit dem Abreiten. Auch bereitete mir unser lädierter Mast zunehmend Sorgen. In den Wellentälern wurden wir immer für einen Moment langsamer, dann knallte der Wind wieder in unser volles Großsegel, jagte uns über den Wellenkamm voraus und rammte die Steven in den nächsten gläsernen Steilhang, wobei das Rigg gewaltige Schläge einstecken mußte. Das Trampolin stand fast die ganze Zeit unter Wasser, während Mike und ich von eisiger Gischt gepeitscht wurden.

Schließlich sausten wir von einem besonders hohen Wellenkamm und wurden mit voller Gewalt unter den nächsten gepreßt. Das ganze Boot – Trampolin, beide Rümpfe, der große wasserdichte Sack an Deck – stand einen Fuß hoch unter Wasser. Es schoß an Mike und mir vorbei und drohte, uns von unseren exponierten Sitzen zu reißen. Ein paar Augenblicke fühlten wir uns als U-Boot, aber dann wirkte sich der hohe Auftrieb der beiden Rümpfe aus, und wir segelten an der Oberfläche weiter.

Durch Schnee, Gischt und Dämmerung erkannten wir, daß die Küste vor uns einen Bogen nach links beschrieb. Wenn wir weitersegeln wollten, mußten wir jetzt bald von Land weg halsen: eine Entscheidung, für die mir nur wenige Sekunden Zeit blieb. Angestrengt suchten wir die Küste mit den Augen ab, und da – o Wunder – öffnete sich eine geschützte Bucht. Ich hielt darauf zu, und noch während wir dem Strand entgegenglitten, sprangen Mike und ich ins Wasser, um PERCEPTION vor einer zu harten Landung zu bewahren. Es war herrlich, wieder festen Grund unter den Füßen zu spüren. Mike mußte ganz ähnlich empfinden, denn er hieb mir gratulierend auf die Schulter.

Mit halb erfrorenen, ungeschickten Händen errichteten wir unser Zelt und krochen beim letzten Tageslicht hinein, um Essen zu kochen. Unser Pech wollte es, daß ausgerechnet jetzt die Pumpe des Gaskochers klemmte; wir mußten sie ölen und den Dichtring ersetzen – keine einfache Sache bei Dunkelheit und froststeifen Fingern. Aber schließlich funktionierte das Ding wieder, und wir bereiteten uns ein gefriergetrocknetes Dinner, das zwar nicht heiß, aber wenigstens warm war. Es wurde Mitternacht, bis wir endlich in unsere Schlafsäcke kriechen konnten.

Als wir morgens die Köpfe aus unserem verschneiten Zelthügel steckten, entdeckten wir, daß wir auf einem alten Lagerplatz der Inuit kampierten, beobachtet von einem *Inukshuk:* einer lebensgroßen Steinfigur, die in alter Zeit als Landmarke oder zur Abschrekkung wilder Tiere aufgestellt wurde. In seinem Mantel aus Schnee sah der Steinmensch unheimlich lebendig aus.

5. KAPITEL

„Segelt niemals hier oben im September."

Wir standen nun dicht vor der Absprungstelle auf die Dolphin and Union Strait hinaus, die wir in Richtung Lady Franklin Point auf Victoria Island überqueren mußten. Von dort waren es dann knapp 400 km zur Cambridge Bay. Vom Sturm den ganzen Tag im Zelt festgehalten, brüteten wir über unseren Karten und überprüften Proviant und Ausrüstung. Wir besaßen nur noch Lebensmittel für sieben weitere Tage.

Beim Aufbruch am nächsten Morgen heulte der Nordweststurm noch immer übers Wasser, aber der Schneefall hatte nachgelassen. Trotz eines Reffs im Großsegel zischten wir nur so dahin, kurvten mit halsbrecherischer Höchstfahrt durchs Eis und warfen hohe Fächer beißender Gischt auf. Jetzt hatten wir es mit Seen von 1 m und mehr Höhe zu tun, bei einer zu fünf Zehntel vom Eis bedeckten Wasserfläche. Wenn wir durch die Wellentäler hoppelten, sahen wir im klaren Wasser gefährlich dicht unter uns den grün und violett gefleckten Meeresboden. Bei diesen Bedingungen war Segeln ebenso antörnend wie ermüdend. Das Boot vor dem Kentern, vor einer Grundberührung oder vor der vernichtenden Kollision mit dem im Seegang tanzenden Eis zu bewahren, forderte von mir die gleiche eiserne Konzentration wie ein Abfahrtsrennen. Als es wieder zu schneien begann, diesmal mit dicken nassen Flocken, die unser Großsegel zupflasterten, fühlte ich mich noch stärker an eine Skipiste erinnert. Nur zweimal an diesem Tag machten wir Pause: das erste Mal, als wir über den Rand unserer Karte hinausgesegelt waren und den anschließenden Kartenausschnitt herausholen mußten, und das zweite Mal, als wir kurz anlandeten, um am Strand hin und her zu joggen, damit sich unsere kalten, steifen Glieder lockerten. Am frühen Abend schoß PERCEPTION wie eine gelbe Rakete, uns beide mit angehaltenem Atem auf ihrem Rükken, zwischen den gezackten, schäumenden Riffen bei Kap Lambert hindurch auf das Land, die Wärme und die Erholung zu, die wir so dringend brauchten.

Nachts wuchs die Wut des Sturmes noch, und wieder einmal sahen wir uns an Land festgenagelt, diesmal in Sichtweite unseres Ziels am Lady Franklin Point jenseits der Meerenge. Es war so verlokkend nahe und doch, jedenfalls bei diesem Wetter, für uns unerreichbar.

Morgens wehte es etwas weniger stark, aber das Segeln blieb nach wie vor riskant. Indem wir uns vormachten, es sei nur für einen Probeschlag, überredeten wir uns selbst dazu, PERCEPTION ins Wasser zu schieben. Wenn wir feststellten, daß es draußen zu hart für uns war, wollten wir an Land zurückkehren.

Vorsichtig segelten wir hinaus. Das Boot ritt tapfer über die Wellen, also machten wir weiter und näherten uns schnell einer Eisbarriere, die zunächst lückenlos aussah. Doch als wir sie erreicht hatten, stellten wir fest, daß wir ohne Probleme zwischen den Schollen hindurchkurven konnten. Das Eis beruhigte den Seegang, und für kurze Zeit fühlten wir uns sicher. Von Deck aus konnten wir jetzt das Land gegenüber klar erkennen. Wir rafften allen Mut zusammen und hielten darauf zu, ins offene Gewässer der Straße hinaus.

Fast sofort bedauerten wir diesen Entschluß. Als wir den Windschutz einer kleinen Insel verließen, wurde die See zu einem schäumenden Kessel, in dem die steilen Wellen auf eine starke Stromkabbelung stießen. Trampolin und Decks wurden überspült, und die Gischt flog 2 m hoch. Ich überlegte, ob wir umkehren sollten, aber als ich zurückblickte, war die Küste fast verschwunden. Und dann wurde die See plötzlich so glatt wie Glas. Wir segelten jetzt auf sehr flachem Wasser, und obwohl der Wind mit unverminderter Gewalt wütete, warf er kaum noch Wellen auf. Verblüfft fragten wir uns, welche Überraschung uns dieses Märchenland als nächstes bescheren würde.

Victoria Island erreichten wir auf dem Rücken 3 m hoher Wellen surfend, während uns ihre weißen Gischtfahnen fast einhüllten. An der Küste der Insel wandten wir uns wieder nach Osten und folgten der Kompaßpeilung zur Frühwarnstation auf der Lady-Franklin-Landspitze. Mike, inzwischen verzweifelt knapp an Filmmaterial, betrachtete den Stützpunkt mit sehnsüchtigen Blicken, als wir vorbeisegelten. Er schlug einen Zwischenstopp vor, aber ich dachte gar nicht daran, mich hier aufzuhalten, solange wir bei diesem günstigen Wind mit Riesensprüngen auf unser Ziel zueilten.

Später, als wir an der Küste entlangbrausten, entdeckten wir zwei Moschusochsen am Strand. Neugierig beobachteten sie das pfeilschnelle Boot, dann warfen sie sich herum und galoppierten das Ufer hinauf, wobei sie mit ihren geschmeidig fließenden Bewegungen aussahen wie zwei Packpferde mit einer großen Last loser Pelze. Wieder wollte Mike haltmachen, diesmal zum Fotografieren, aber ich hatte auf diesen Schiebewind nun einen ganzen Monat lang gewartet und wollte ihm auch den letzten Kilometer abringen. Wieder segelten wir weiter.

Um 21.00 Uhr befanden wir uns zwischen den Richardson-Inseln und waren beide sehr müde und unterkühlt. Als der Wind eine Stunde später einschlief, steuerte ich Edinburgh Island an, und wir zogen PERCEPTION durch die tobende Brandung auf den Strand. Ein großartiger Tag lag hinter uns, mit gewaltigen Anstrengungen, die sich aber voll gelohnt hatten. Wir waren elf Stunden gesegelt und der Cambridge Bay um 160 km nähergekommen. Nur noch 240 km lagen vor uns.

Morgens machte mich Mike auf einen gewaltigen Moschusochsen aufmerksam, der auf dem Hügelkamm hinter unserem Zelt stand, sich als Silhouette vom hellen Horizont abzeichnend. Seine dicken, fast bodenlangen Fellzotteln wehten leise in der sanften Brise. Als wir zu ihm hinaufkletterten, wandte er uns den riesigen Schädel mit den langen, nach unten gekrümmten Hörnern zu. Uns dicht an die schützenden Felsen haltend, krochen wir immer näher. Da begann er zu schnauben und mit den Vorderfüßen auf dem Boden zu scharren, genau wie ein Stier in der Arena. Die Brunftzeit hatte begonnen, und dieser Bulle, dem sein Harem offenbar abhanden gekommen war, schien besonders frustriert zu sein. Mike machte ein paar Tele-Aufnahmen, und dann kroch ich bis auf 5 m an das Tier heran, damit er uns beide gleichzeitig aufs Bild bekam. So aus der Nähe konnte ich eingehend das dicke Fell dieser hervorragend angepaßten Kreatur bewundern: eine ideale Isolation gegen Kälte und Nässe.

Kurz danach segelten wir wieder hinaus, mit der Frühwarnstation an der Byron Bay als unserem nächsten Ziel, denn Mike jagte immer noch seiner Filmsendung nach. Die Morgensonne vergoldete die malerischen Klippen von Edinburgh Island, als wir fast lautlos vorbeiglitten. Noch öfter sahen wir Moschusochsen und hielten sogar einmal kurz an, damit Mike zum Schuß kam – allerdings vergeblich.

Im Lauf des Tages frischte der Wind auf, und wir kamen prächtig voran. Bei diesen hervorragenden Segelbedingungen begann ich mich ernsthaft zu fragen, ob wir wirklich bei der Station anhalten sollten. Nur noch 150 km trennten uns von der Cambridge Bay, und für diese kurze Strecke benötigten wir doch gewiß nicht 20 Rollen Film.

Ich fragte Mike, ob wir unbedingt haltmachen müßten. Er warf mir einen äußerst gereizten Blick zu und antwortete, ja, das müßten wir. Um ernsthaften Streit zu vermeiden, gab ich nach. Wir würden anhalten, aber nur lange genug, um nach den Filmen zu fragen. Gleich nach dieser Entscheidung hätte ich mich am liebsten geohrfeigt, aber jetzt konnte ich keinen Rückzieher mehr machen. Die Folge war, daß ich, als wir gegen 18.00 Uhr an Land gingen, furchtbar frustriert und wütend war – auf Mike wegen dieses Zwischenstopps und auf mich wegen meiner Nachgiebigkeit, weil wir bei diesem idealen Segelwetter kostbare Minuten vergeudeten.

Ich hatte gehofft, am Strand ein Telefon vorzufinden, damit wir uns den 6 km langen Marsch zur Station ersparen konnten, wo wir ja doch nur hören würden, daß die Filme nicht angekommen waren. Aber es gab kein Telefon und auch keine Antwort auf unseren Anruf per Funk. Als wir auf der Suche nach der Station bergan stiegen, meinte Mike, daß der Wind bestimmt von der Sorte war, die mit der Sonne schlafen ging. Das mochte ja stimmen, aber bis Sonnenuntergang waren es noch drei volle Stunden.

In zornigem Schweigen eilte ich voran, und Mike folgte mir mit gelassenerem Schritt. Ich hätte im Sinne des Expeditionserfolgs entscheiden müssen, sagte ich mir, und seinen Haltewunsch ignorieren. Warum bloß verstand er nicht, daß wir um jeden Preis weitersegeln mußten, immer weiter, ehe der Winter uns zur Vollbremsung zwang?

30 Minuten später war die Station immer noch nicht in Sicht. In meinem Zorn fluchte ich so laut, daß mir die Ohren klangen und die Kehle rauh wurde. Am Ende brauchte ich eine volle Stunde für den Weg. Mike traf 20 Minuten nach mir ein, sich den Schweiß vom Gesicht wischend. Die Filme waren nicht da.

Über das Funktelefon der Station rief ich meinen Vater an, um ihn über unsere Fortschritte zu informieren. Er riet mir, lieber die Reise in Cambridge Bay zu unterbrechen und im nächsten Sommer fortzusetzen, als sich vom Eis des nahenden Winters irgendwo überraschend einschließen zu lassen.

Mittlerweile hatte ich eingesehen, daß die Nordwestpassage in einer einzigen Saison nicht zu bezwingen war. Angesichts der in diesem Jahr besonders ungünstigen Bedingungen waren wir uns beide einig, daß es schon ein toller Erfolg wäre, die Cambridge Bay zu erreichen. Mein Vater erinnerte mich daran, daß der nur noch vier Tage entfernte September für Schiffe in der Arktis eine gefährliche Zeit war, weil binnen Minuten Sturm aufkommen und manchmal zwei Wochen und länger anhalten konnte. Aber ich wollte die endgültige Entscheidung erst im letzten Moment treffen. Falls die Eisverhältnisse es erlaubten, mochte es ratsam sein, noch den Queen-Maud-Golf zu überqueren und bis Gjoa Haven weiterzusegeln oder sogar bis zur Spence Bay. Damit hätten wir dem Eis entkommen können, das in jedem Frühjahr mit Abermillionen Tonnen den M'Clintock Channel hinunterdriftet und die Zufahrten nach King William Island blockiert.

Per Anhalter fuhren wir mit einigen Stationstechnikern zum Strand zurück und warfen uns schnell in unsere Survivalanzüge. Trotzdem wurde es 21.00 Uhr, bis wir PERCEPTION wieder ins Wasser schoben – wir hatten drei Stunden verloren und damit 50 bis 60 gesegelte Kilometer, leicht zu segelnde Kilometer. Ich war wütend und ließ es Mike auch merken. Meine Stimme mit großer Anstrengung beherrschend, sagte ich: „Dir ist hoffentlich klar, daß dies der größte Zeitverlust des Trips war. Wir hätten weitersegeln sollen."

Überrascht blickte er hoch. Offenbar begriff er nicht die Notwendigkeit, warum wir Cambridge Bay schnellstens erreichen mußten. Er verstand einfach nicht, daß es objektiv wichtig war, sondern hielt mich für den Antreiber. Für ihn war es eine persönliche Meinungsverschiedenheit. Ich bat ihn zu begreifen, daß die Expedition eine ernste Herausforderung war und daß ich das alles nur tat, um ihren Erfolg sicherzustellen. Er antwortete, mein Standpunkt sei ihm schon klar, aber er zöge es eben vor, öfter anzuhalten, denn in der Arktis sei sein Reisetempo gewöhnlich langsamer und von Eingebungen bestimmt. Seiner Ansicht nach hätten wir hier einen Morgen und dort einen Nachmittag damit verbringen können, die Umgebung zu erkunden, und würden unser Ziel trotzdem noch rechtzeitig erreichen. Ich konterte: Falls die Entscheidung über unser Tempo seine Sache gewesen wäre, stünden wir jetzt noch einige hundert Kilometer weiter westlich. Er antwortete mir nicht, entschuldigte sich aber später, ob aus Überzeugung oder um die Wogen zu glätten, konnte ich nicht sagen.

Der Wind blieb stetig, so daß wir in der zunehmenden Dämmerung relativ gut vorankamen. Der Mond ging auf und beleuchtete unseren Weg, und schließlich erschien eine strahlende Venus. Das Land wurde ein dunkler Schatten zu unserer Linken.

Mike erklärte tapfer, daß er liebend gern die ganze Nacht durchsegeln würde. Im ersten Moment schien mir das ein guter Vorschlag zu sein, aber dann dachte ich: ‚Das ist nur Augenauswischerei von diesem Kerl. Gestern abend hat er sich beschwert, daß wir bis 21.30 Uhr in den Abend hinein gesegelt sind, und sogar gefragt, ob wir nun endlich kampieren oder etwa bis Mitternacht durchsegeln wollten. Heute nun will er die ganze Nacht weitermachen, aber nur, um den starken Mann zu markieren.' Als der Wind gegen 23.00 Uhr einschlief, gingen wir an Land und schlugen zügig, aber schweigend unser Lager auf. Mike nahm sich das Reservezelt, wohl in dem richtigen Gefühl, daß wir beide etwas Abstand voneinander brauchten. Noch vor Mitternacht lag ich in meinem Schlafsack, fand aber keine Ruhe.

Immer noch ärgerte es mich, daß ich dem Aufenthalt bei der DEW-Station zugestimmt hatte. Indem wir drei Segelstunden bei idealem Wetter verloren hatten, war uns die Strecke eines durchschnittlichen Tages entgangen – sogar zweier Tage, wenn das Wetter ungünstig war. Davon kam ich einfach nicht los, vergegenwärtigte mir immer wieder die Ereignisse des Tages und blieb fast die ganze Zeit wach.

Im Lauf der Nacht sank die Temperatur auf minus 8° C, und das war kalt genug, um uns in den Schlafsäcken frösteln zu lassen. Als wir aus unseren Zelten traten, war unsere gesamte herumliegende Ausrüstung voller Reif, und am Ufer hatte sich eine dicke Eisschicht gebildet. Der Winter schickte uns eine erste Warnung, zweifellos zur Strafe für unser langsames Vorankommen. Nach wie vor wühlte der Zorn in mir, doch ließ ich mir nichts anmerken.

Schnell begann ich zu packen und tat die meiste Arbeit allein, während sich Mike mit seiner gewohnten Gelassenheit beschäftigte. Ich hatte mir geschworen, mich von ihm nicht mehr aufhalten zu lassen. Also zog ich meinen Trockenanzug über und schob

Perception allein ins eisverkrustete Wasser. Dann kehrte ich an Land zurück, holte den Kajak, machte ihn fest und begann, Perception in Richtung der Huk zu treideln. Nun ging Mike ein Licht auf, und er begann sich zu beeilen.

Der Wind reichte nicht, um uns durch das junge Küsteneis zu schieben, deshalb paddelten wir eine halbe Stunde, um endlich offenes Wasser zu erreichen. Als wir's geschafft hatten, waren wir verschwitzt und erschöpft. Wir segelten quer über die Byron Bay, schlichen jedoch so nervtötend langsam dahin, daß ich am liebsten über Bord gesprungen wäre. Dreizehn Stunden lang quälten wir uns, rangen dem launischen Ostwind einen Kilometer nach dem anderen ab, bis uns die Erschöpfung im Zwielicht zur Landung zwang. Wir hatten nur 50 km geschafft.

Wieder fror ich die ganze Nacht in meinem Schlafsack, und als es endlich Morgen wurde, war ich nicht ausgeruht. Meine Hände und Füße waren taub vor Kälte. Wir aßen trockenes Müsli, während wir weiter landeinwärts wanderten, wo Mike ein altes Oberflächengrab der Inuit fand. Ein Schauer lief mir über den Rücken, als er in die verwitterte weiße Holzkiste spähte, und ich konnte mich nicht dazu bringen, über seine Schulter zu sehen. Er berichtete, daß es die Überreste einer alten Frau waren, die ein Kruzifix umklammerte, und machte einige Aufnahmen, um diese eigenartige Verschmelzung von Christentum und Inuittradition festzuhalten. Danach kehrten wir zum Boot zurück und brachen das Lager ab. Mir war, als schnitte der böige Wind mit Messern durch meinen Anzug.

Beim Aufbruch wurde mir schwindlig, und die Erschöpfung überwältigte mich fast. Aber ich zog mich an Bord, und wir segelten los, denn ich wollte nur eines: in Bewegung bleiben.

Als wir die Landspitze rundeten, auf der wir übernachtet hatten, packte uns der Ostwind mit voller Macht. Der Seegang wurde so grob, daß wir nicht quer über die Mündung der Wellington Bay segeln konnten, sondern in die Bucht hinein halten mußten. Ich befürchtete zwar, daß wir das ganze Ufer dieses tiefen Einschnitts würden absegeln müssen, fand mich aber damit ab – Hauptsache, wir blieben in Bewegung.

Doch zum Glück ließ der Wind nach und die See wurde ruhiger, so daß wir auf die Bucht hinaus steuern konnten. Mike saß an der Pinne. Ich lehnte am Mast und versuchte, wieder zu Kräften zu kommen.

Als wir die Bucht überquert hatten, frischte der Wind wieder auf und trieb uns für zwei Stunden an Land. Wir duckten uns in den Windschutz von PERCEPTION, kochten und aßen. Ich trank tüchtig aus einem nahen Bach, um meinem entwässerten Körper mehr Flüssigkeit zuzuführen.

Um 18.30 Uhr wagten wir uns wieder auf die aufgewühlte See und kreuzten langsam, aber stetig die Küste hinauf. Als unsere Erschöpfung überhandnahm, landeten wir in einer Bucht namens Starvation Cove, rammten dabei einen scharfkantigen Felsen und rissen eine 20 cm lange Schramme in den Gelcoat des einen Rumpfes. Wir wärmten und aßen etwas Suppe und waren wenige Minuten danach eingeschlafen.

Der Ostwind rüttelte an unserem Zelt, als mich der Wecker um 07.00 Uhr hochriß, also gab ich uns noch eine Stunde und stellte ihn auf 08.00. Aber auch dann war der Wind immer noch zu stark. Wir riefen Tuk, um unseren gewohnten Funktreff einzuhalten, bekamen jedoch keine Antwort. Deshalb zogen wir uns an und schleppten das Funkgerät mit der Antenne den wüsten schwarzen Abhang hinter unserem Lager hinauf. Auch von dort hörte Tuk uns nicht, doch erreichten wir wenigstens Resolute, konnten unsere Position durchgeben und melden, daß alles in Ordnung sei. Mit dem üblichen Wolfshunger machten wir uns danach über die letzte Tagesration her. Starvation Cove, die Bucht des Verhungerns, schien uns der passende Schauplatz für dieses Mahl.

Von unserem Aussichtspunkt oberhalb des Strandes sah die See alles andere als einladend aus. Der starke Ostwind überzog sie mit einem Gitter aus gischtenden Wellen, deren Höhe sich von oben nicht schätzen ließ. Normalerweise hätte ich dafür plädiert, bis zu einer Wetterbesserung hier zu pausieren. Doch wir befanden uns in einer Ausnahmesituation.

So stiegen wir in unsere Trockenanzüge und brachen auf, hielten uns aber dicht unter der geschützten Westküste der kleinen Bucht. Zu dicht – denn binnen weniger Minuten krachte das Schwert gegen die Steine und wurde beschädigt. Trotzdem schoben wir es in seinen Schlitz zurück und segelten weiter.

Als wir die Huk erreichten und damit Wind und Seegang wieder voll ausgesetzt waren, jagten uns die 5 bis 6 m hohen Roller einen gewaltigen Schrecken ein. Doch sobald wir uns mental auf diese neue Dimension des Seegangs eingestellt hatten, merkten wir, daß wir auch damit relativ gut fertig wurden, obwohl die Anstrengung fast unsere letzten Kraft- und Mutreserven verbrauchte. So segelten wir weiter, strengten uns bis zum äußersten an und hielten besorgt Ausschau nach den ersten Anzeichen von Bruch im Rigg. Zunächst boxten wir uns durch die Seen weit genug hinaus, damit wir die Landspitze runden konnten, dann kreuzten wir nach Nordosten in die große flache Cambridge Bay hinein. Irgendwo voraus lag an ihrer Küste die gleichnamige Siedlung.

Einen Schlag nach dem anderen rangen wir dem starken Gegenwind ab, in den steilen Seen immer an der Kentergrenze segelnd. Unter äußerster Belastung von Boot und Crew krochen wir so in die Bucht hinein, denn weder Mike noch ich durften auch nur einen Moment in unserer Konzentration nachlassen. Er bediente die Fockschot, während ich in einer Hand die Pinne und in der anderen die Großschot hielt. Die Finger in meinen durchweichten Handschuhen waren gefühllos, und um die Schot festhalten zu können, mußte ich sie mir ums Handgelenk schlingen. Die Küste der Bucht blieb steil und von tosender Brandung gesäumt, nirgends entdeckten wir einen Platz zum Anlanden. Also bolzten wir weiter, obwohl ich dabei meine Ausdauer und Kraft gefährlich überforderte. Ich hätte dringend austreten müssen, wagte aber nicht, mich soweit zu bewegen, daß ich die Pinne an Mike übergeben konnte. Also wehrte ich mich noch eine Weile gegen das Unausbleibliche und spürte dann, wie sich eine feuchte Wärme unter mir ausbreitete – ein ekliges Babygefühl. Weiter segelten wir, Stunde um Stunde, in den Schlamassel hinein.

Es schien eine Ewigkeit zu dauern, bis wir endlich den 120 m hohen Sendemast von Cambridge Bay sahen. Wir kurvten in geschützteres Gewässer, wo Fahrwassertonnen auftauchten; zweimal glaubten wir schon, die letzte Tonne abgehakt zu haben, und zweimal erschien voraus eine neue. Schließlich waren wir durch und preschten mit Höchstfahrt platt vor dem Wind in den Hafen hinein. Er lag mitten im Dorf, einem Sammelsurium aus arktischen Bungalows, Treibstofftanks, Vorratsschuppen und Verwaltungsgebäuden.

Um 19.15 Uhr an diesem 29. August machten wir in unserem Winterhafen fest und taumelten mit steifen Beinen an Land. Wir umarmten uns kurz und begannen dann wie Roboter, PERCEPTION für die Nacht zu versorgen. Bill Lyle, Vorsitzender der örtlichen Kooperative, kam zum Ufer herunter, um uns zu begrüßen; von einem Fenster seines Bungalows hatte er uns in die Bucht kreuzen gesehen. In dem kleinen Co-op-Hotel ging ich gleich im Trockenanzug unter die Dusche. Während das dampfend heiße Wasser auf mich herabprasselte, schälte ich mich aus einer Hülle nach der anderen, bis ich nackt die herrliche Wärme aufsaugen konnte.

Am nächsten Morgen erzitterte unser kleines Hotel unter dem Anprall des Sturms. Trotzdem mußten Mike und ich wieder aufs Wasser hinaus, damit uns ein CBC-Team filmen konnte, das schon auf uns gewartet hatte und am selben Nachmittag abfliegen mußte, um den Produktionstermin einzuhalten. Sie hatten arrangiert, daß der Hubschrauber des Eisbrechers MARTHA BLACK, der im Hafen lag, mit ihnen eine Runde drehen würde, damit sie uns von oben filmen konnten. In der Bucht herrschte immer noch sehr grober Seegang, doch Mike und ich hatten uns am Abend zuvor im Hotel mit einem reichlichen Dinner gestärkt und fühlten uns dem gewachsen. Aber ich rechnete nicht mit dem verheerenden Luftstrom des Rotors, der uns fast das Rigg kostete, als der große Hubschrauber etwa in Masthöhe über uns hinwegdonnerte. Danach flitzten wir zum Dorfstrand zurück, überholten unterwegs mit Leichtigkeit den großen rot-weißen Eisbrecher – um anschließend zwei Stunden warten zu müssen, bis die TV-Leute endlich soweit waren, daß sie unsere „Ankunft" filmen konnten.

Vom Kapitän der MARTHA BLACK erfuhren wir, daß Eis- und Wetterverhältnisse auf unserer weiteren Route sich rapide verschlechterten und daß John Bockstoce für dieses Jahr die Durchquerung der Nordwestpassage mit Belvedere abgebrochen hatte, getreu dem Rat, den er uns gab: „Segelt niemals hier oben im September." Diese Informationen einerseits und unsere Mast- und Riggprobleme andererseits bewogen mich, unsere Reise hier zu unterbrechen und im nächsten Jahr fortzusetzen.

Zwei Tage benötigten wir noch, um Perception für ihr Winterlager in einem Lagerhaus der Fischer von Cambridge Bay herzurichten und unsere Ausrüstung zu sortieren. Am 1. September schließlich saß ich in einem Flieger nach Süden, nach Toronto, und Mike startete zwei Tage später mit Ziel Ottawa.

ZWEITES JAHR

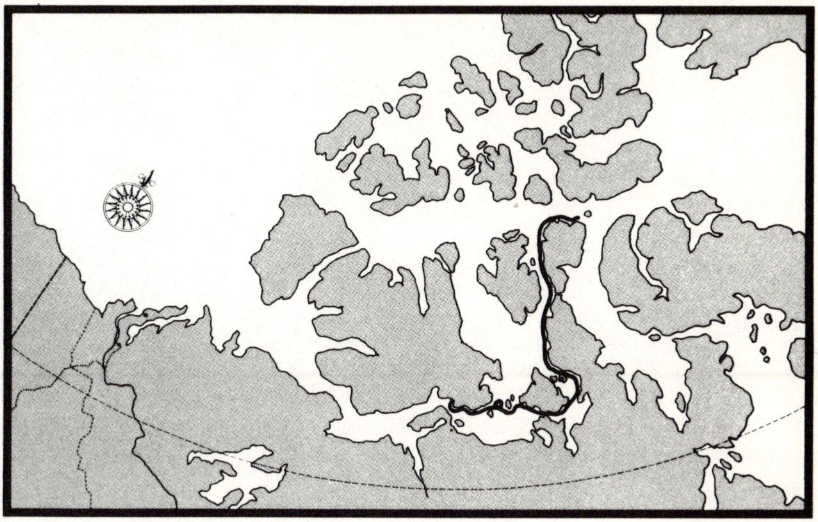

1987

31. Juli – 6. September

6. KAPITEL

„Wir wußten nicht genau, wo wir uns befanden, denn der Horizont ringsum war leer."

Am 27.Juli 1987 kehrten wir mit 280 kg Ausrüstung, die wir in ein halbes Dutzend Seesäcke gestopft hatten, nach Cambridge Bay zurück. Tags zuvor waren auf dem Luftweg ein neuer Mast, neue Ausreitsitze und Wanten für unseren strapazierten Hobie Cat eingetroffen. Ein wettergegerbter, durchtrainierter Mike holte mich am Flughafen ab. Während ich Betriebswirtschaft gebüffelt und mühsam Sponsoren für das vermeintlich letzte Jahr des Unternehmens Nordwestpassage gesucht hatte, war er auf einer spannenden Erkundung gewesen. Als Teilnehmer an einer fünfköpfigen Arktisexpedition, welche die überlieferte Wanderungsbewegung nachvollzog, die im 19.Jahrhundert Inuits von Baffin Island nordwärts nach Ellesmere Island und dann quer über den Smith Sound

nach Grönland geführt hatte, war Mike im tiefen Winter mit Hundeschlitten 3000 km über Land getreckt und erst Ende Juni zurückgekehrt.

Während des Winters hatte ich mir Gedanken gemacht, wie ich mit meiner eigenen Expedition am besten vorankommen konnte, und beschlossen, mir die Unterstützung eines amerikanischen Meisters im Hobie-Segeln für den „Katzensprung" von Cambridge Bay zum Pond Inlet zu sichern. Es war geplant, daß er in Gjoa Haven zu uns stoßen sollte, wo Mike und ich ankommen wollten, wenn das offene, eisfreie Wasser sein Jahresmaximum erreicht hatte. In der vergangenen Saison war ich ein viel besserer Segler geworden und ging nun mit berechtigter Zuversicht die Aufgabe an, die wegen ihrer Gefährlichkeit berüchtigten Gewässer der Franklin Strait, des Peel Sound, der Barrow Strait und des Lancaster Sound zu durchqueren – allerdings nur, falls ich nicht die ganze Strecke allein segeln mußte. Die anstrengenden Tage im vergangenen Sommer, an denen ich das Boot jeweils zwölf bis vierzehn Stunden lang vorangedroschen hatte, waren fast über meine Kräfte gegangen. Außerdem hatten mir alle Experten versichert, deren Rat ich im Lauf des Winters eingeholt hatte, daß ich in diesem Jahr mit noch schlechteren Segelbedingungen rechnen mußte. Ausnahmslos hatten sie mir geraten, mich für die letzte Etappe mit einem erfahrenen Segler zusammenzutun, und ich mußte ihnen aus Erfahrung beipflichten. Ich glaubte, daß ich einen Mitsegler brauchte, der mir einen Teil der Last abnehmen und zugleich ein Optimum an Leistung aus dem Katamaran herausholen konnte.

Mike, der sich inzwischen voll mit dem Projekt unseres gemeinsamen Durchsegelns der Nordwestpassage identifizierte, hatte sich nur ungern bereiterklärt, unsere Reise dadurch zu dokumentieren, daß er uns jenseits von Gjoa Haven nur mehr an bestimmten Orten traf und dann ein bis zwei Tage damit verbrachte, unsere Fortschritte im Bild festzuhalten. Ich wußte, daß ihm dieses Arrangement nicht behagte, glaubte aber, daß der Erfolg der Expedition höher einzustufen war als sein privates Ego.

Um 08.15 Uhr am Morgen des 31. Juli schoben Mike und ich

Perception am Strand von Cambridge Bay ins Wasser und setzten bei steifem Nordwest die Segel. Den lästigen Kajak schleppten wir nicht mehr hinter uns her – er hatte insgesamt mehr Ärger als Nutzen gebracht, deshalb ließ ich ihn zurück. Zwar war er zumindest theoretisch ein zusätzlicher Sicherheitsfaktor gewesen, andererseits hatte er uns und das Boot immer wieder gefährdet, wenn er uns bei nachlaufender See von hinten rammte. Auch kostete es viel Zeit, ihn an Land zu ent- oder beladen. Viele Stunden lang hatte ich gegrübelt, wie wir unsere Zuladung so leichtern konnten, daß der Kajak überflüssig wurde, und war zu dem Schluß gelangt, daß wir auf Reservekocher und -brennstoff, auf unser zweites Zelt und auf andere Reserveausrüstung verzichten konnten.

So hatten wir unser gesamtes Gepäck verschlankt, damit sich die für das morgendliche Packen benötigte Zeit auf ein Minimum reduzierte. Erreicht wurde dies durch zwei speziell entwickelte Neopren-Seesäcke mit wasserdichten Reißverschlüssen, denn der Sack vom Vorjahr hatte sich gefüllt als zu groß erwiesen. Cathy hatte ein Netz für die beiden Neoprensäcke entworfen, das sie schützte und beim Tragen besseren Halt bot.

Außerdem verbesserten wir das System, nach dem wir die beiden Rümpfe des Hobie beluden. Sie boten zwar reichlich Stauraum, aber jeder Rumpf hatte nur eine Zugangsluke von 20 cm Durchmesser, deshalb paßte vieles nicht hinein. Cathy entwarf nun Nylonsäcke, die durch die Luken paßten und auf dem Kiel innen aufrecht gestaut werden konnten. Indem wir die Rümpfe und die beiden neuen Seesäcke optimal nutzten, konnten wir auch auf die große Plastiktonne verzichten, die wir an Deck gelascht hatten. Das verringerte die Angriffsfläche für Wind und Wellen beträchtlich.

Wegen dieser gravierenden Gewichtsreduzierung konnten wir unsere täglichen Proviantrationen nicht vergrößern, entwickelten aber qualitative Verbesserungen. So wechselten wir zu speziell dehydrierter Nahrung, die durch Zugabe von kochendem Wasser in ihrer Folie zubereitet werden konnte. Damit sparten wir Brennstoff für unseren kleinen Kocher und konnten auf unseren großen Kochtopf verzichten. Auch brauchten wir nicht mehr wie im letzten Sommer im eiskalten Seewasser Geschirr zu spülen.

Außerdem hatte ich während des langen Winters ein Paar Skier für PERCEPTION entwickelt, damit sich die Plastikgleiter an den beiden Kielen nicht mehr wie bisher mit Eis zusetzen konnten. Es waren alte Rennskier von Fischer, die ich in Europa benutzt hatte und nun mit Glasfaserprofilen so modifizierte, daß sie unten in die Öffnungen der Schwertkästen paßten und sich den bananenförmigen Rümpfen anschmiegten. Wir stauten sie unter den beiden Ausreitsitzen.

Zuletzt wurde unsere Segelgarderobe noch durch einen großen bunten Spinnaker ergänzt, mit dem wir freies Wasser und leichten Wind optimal nutzen wollten.

Den Hafen hatte der Wind eisfrei gefegt, aber als die Fahrwassermarkierung hinter uns zurückblieb, standen wir vor einer geschlossenen weißen Masse, die sich von einem Ufer der Bucht zum anderen erstreckte. Ich steuerte eine Stelle an, die relativ flach aussah, und wir zogen das Boot auf dieses Packeis. Zu zweit konnten wir PERCEPTIONS 270 kg gerade noch bewegen, indem wir von Scholle zu Scholle sprangen oder durch Schmelzwassertümpel wateten, deren brüchiger Eisboden unter unseren Füßen oft nachgab. Eine Weile zogen wir das Boot an den Ausreitsitzen hinter uns her, doch dann schlug Mike vor, die beiden Plastikgleiter unterzuschnallen, die wir den ganzen letzten Sommer mitgeschleppt, aber nie benutzt hatten. Das war die Lösung. Zur Unterstützung durch den achterlichen Wind setzten wir das Großsegel und kamen nun stetig voran. Trotzdem schwitzten wir vor Anstrengung und schälten uns bald aus den Oberteilen unserer Trockenanzüge.

Nach fast sechs Stunden Plackerei hatten wir die 10 km breite Eisbarriere überwunden und konnten PERCEPTION in offenes Wasser rutschen lassen. Hoch stieg der Spinnaker, und wir glitten in einem eisfreien Kanal an der Küste von Victoria Island entlang. Es war ein herrliches Gefühl, wieder unterwegs zu sein, uns von der Blase mit dem großen Ahornblatt, dem Emblem Kanadas, ziehen zu lassen.

Bis spät nachts segelten wir weiter, kurvten um vereinzelte Schollen und zogen PERCEPTION auch einmal über ein schmales Eisband, das uns den Weg versperrte. Bei dieser Anstrengung zuckte ein kurzer heftiger Schmerz durch meinen Unterbauch, aber ich vergaß ihn schnell, sobald wir erst wieder Fahrt aufnahmen. Lautlos glitten wir an einer jungen Ringelrobbe vorbei, die auf einer kleinen Scholle schlief, so nahe, daß ich sie fast mit ausgestreckter Hand berühren konnte, ehe sie erwachte und so blitzschnell ins Wasser sprang, als gelte es ihr Leben.

Um 02.30 Uhr dachte Mike ans Schlafengehen, aber nichts in der Welt hätte mich in diesem Jahr dazu bewegen können, bei guten Segelbedingungen auch nur eine Minute zu vergeuden: ein Grundsatz, der zwischen uns beiden diesmal von Anfang an geklärt war. Schließlich holte Mike seinen wasserdichten Biwaksack heraus und döste auf dem Trampolin, doch die eiskalte Gischt scheuchte ihn bald wieder auf den Ausreitsitz hinauf. Gegen 04.30 Uhr wurde der Wind zu stark für unsere Besegelung. Erst jetzt steuerte ich Land an – nach zwanzig Stunden an der Pinne und einer zurückgelegten Strecke von gut 130 km.

Schon fünf Stunden später waren wir wieder auf den Beinen und betrachteten benommen unsere Umgebung in der Parker Bay. Ein Wiesel in braunem Sommerkleid faszinierte uns mit seinen lustigen Sprüngen, Purzelbäumen und Überschlägen nicht weit von unserem Zelt auf der Tundra. Laut lachend beobachteten wir die Zirkusnummer dieses winzigen Artisten, der sich wahrscheinlich zum ersten und einzigen Mal vor menschlichem Publikum produzierte.

Das Eis blockierte noch immer ganze Teile der Bucht und war stellenweise zu spektakulären Druckfalten von zehn und mehr Metern Höhe aufgetürmt. Doch führte eine Bahn offenen Wassers nach Osten, und der günstige Nordwest, der uns tags zuvor so gut vorangebracht hatte, stellte sich auch jetzt wieder ein.

Irgend etwas drängte mich mit Macht zum Aufbruch, aber uns fehlte es noch an Routine beim Abschlagen des Zeltes und beim Beladen des Bootes, deshalb waren wir erst volle vier Stunden nach dem Aufstehen erneut unterwegs. Frustriert setzte ich Mike auseinander, daß dies einfach nicht vertretbar war, daß wir an einem normalen Morgen und bei guten Segelbedingungen binnen einer Stunde nach dem Erwachen wieder auf dem Wasser sein mußten.

„Na schön", antwortete er. „Wir segeln unter Zeitdruck und müssen uns beeilen, keine Frage. Aber genauso wichtig ist es, daß wir hin und wieder schlafen. Wenn es dir an Schlaf fehlt, fängst du an, falsche Entscheidungen zu treffen, und das ist hier oben tödlich."

Daraufhin konnte ich ihn nur in aller Form darüber informieren, daß ich beabsichtigte, die Passage in der kürzest möglichen Zeit zu schaffen und daß es bei günstigem Wind noch mehr Nächte wie die vergangene geben würde, in denen wir bis zum Morgengrauen durchsegeln mußten. Das akzeptierte er, denn er begriff genausogut wie ich: Unser Erfolg hing davon ab, daß wir immer wieder bis an die Grenze unserer Kraft gingen – und darüber hinaus.

Schweigend brachten wir PERCEPTION zu Wasser und fanden einen eisfreien Kanal in Richtung Jenny Lind Island. Als er sich später vor uns schloß, zogen wir das Boot aufs Eis und schleppten es mehrere hundert Meter durch Schmelzwassertümpel und über steile Auffaltungen, bis wir wieder offenes Wasser fanden.

Der Wind hatte jetzt aufgefrischt, und auch der Seegang nahm stetig zu, während wir der nächsten weißen Barriere entgegenflogen, die sich quer über den Horizont erstreckte. Als wir näherkamen, suchte ich eine vielversprechende Öffnung darin aus, segelte hinein – und landete in einer Sackgasse. Wir kehrten um, kreuzten zurück ins Freie und versuchten es mit einem anderen Kanal. Wieder Sackgasse. Diesmal drehten wir an ihrem Ende bei, Mike stellte sich auf meine Schultern und hielt Ausschau nach Durchlässen im Packeis. Voraus lag zwar offenes Wasser, aber das Eis fraß es schnell auf.

Plötzlich begriffen wir, daß Wind und Strömung sich verschworen hatten, um uns zwischen den mahlenden, stöhnenden Schollen einzuschließen. In einer verzweifelten Anstrengung zogen wir das Boot über die treibenden Pfannen in Richtung des offenen Wassers und flohen dann schleunigst durch einen zusehends enger werdenden Kanal.

Zu unserer großen Freude mündete er noch rechtzeitig ins Freie, und zwar in ein offenbar riesiges, eisarmes Gewässer. Binnen weniger Sekunden stand unser Spinnaker, und wieder einmal zischten wir mit Höchstfahrt im Slalom durch die Eisschollen, die uns die Strömung vor den Bug trieb: für mich ein herrlich erregendes Gefühl. Doch es dauerte nicht lange, dann blockierte abermals geschlossenes Eis unseren Kurs. Ich steuerte nordwärts in eine Lücke, die jedoch bald verschwand und uns gestrandet zurückließ.

Wir zogen PERCEPTION auf eine etwa 2 m dicke Eisscholle, holten die Flinte aus ihrem wasserdichten Sack und machten uns auf die Suche nach einem höher gelegenen Aussichtspunkt, einer Auffaltung oder schrägstehenden Platte. Aber auch von oben sahen wir weit und breit kein offenes Wasser, nur blendend weißes Eis, das sich von Horizont zu Horizont erstreckte.

Uns blieb gar nichts anderes übrig, als hier Halt zu machen in der Hoffnung, daß Wind und Strömung das Eis aufbrechen und uns befreien würden – und zwar bald. Wir errichteten das Zelt auf PERCEPTIONS Trampolin und vergewisserten uns vor dem Schlafengehen, daß unsere Ausrüstung für einen schnellen Aufbruch vorbereitet war, falls unsere Scholle zerbrach oder sich ein Kanal im Packeis öffnete.

Als wir am nächsten Tag, immer noch im Eis gefangen, die Zeit totschlugen, war es mir ein kleiner Trost, daß uns die Strömung in den vergangenen zwölf Stunden immerhin 10 km weit nach Osten mitgenommen hatte.

Um uns zu beschäftigen, montierten wir im Masttopp eine von Mikes Kameras mit Fernauslöser, wovon wir uns gute Bilder von PERCEPTION und ihrer eisigen Umgebung erhofften. Während das Boot auf der Seite lag und die Mastspitze für uns erreichbar war, kamen wir auf die Idee, eine Leine so aufzuriggen, daß wir später für einen guten Rundblick ins Topp klettern konnten. Mike knüpfte eine Reihe Trittschlingen in diese Leine und befestigte sie oben am Mast. Nachdem wir das Boot wieder aufgerichtet hatten, stieg er als der leichtere vorsichtig in den Mast, während ich ihn dabei fotografierte. Nach ihm kletterte ich selbst hinauf und ließ die großartige Umgebung auf mich wirken, obwohl es mich bedrückte, in allen vier Himmelsrichtungen nichts anderes zu sehen als Eis. Bei dieser Augenhöhe umfaßte unser Blickfeld einen Umkreis mit einem Radius von etwa 2 km.

Als wir das Eis vom Mast aus studierten, wurde uns klar, daß wir das Boot zur Nordseite unserer riesigen Scholle verholen mußten, um eine bessere Ausgangsposition für den Fall zu haben, daß sich überraschend eine Lücke im Eis öffnete. Aber die Rümpfe waren festgefroren, und es kostete uns große Anstrengung, den Katamaran in Bewegung zu setzen. Als wir uns derart abmühten, wurde der Schmerz in meinem Unterbauch, den ich seit dem ersten Tag verspürt hatte, plötzlich sehr stark. Ich erwähnte das Mike gegenüber, und er tippte auf einen Leistenbruch, eine Verletzung, über die er erstaunlich gut Bescheid wußte. Er erwärmte sich für das Thema und hielt mir einen Vortrag über die Behandlung von Leistenbrüchen: Bei dieser Operation würde der Bauch aufgeschnitten und der Riß im Bauchfell, durch den die Darmschlinge ausgetreten war, wieder zusammengenäht – was alles zusammen eine lange Genesungszeit erforderte, wie er mir versicherte.

Bei dieser Schilderung geriet er immer mehr in Fahrt und erschreckte mich mit Horrorgeschichten, wie selbst durchtrainierte Forschungsreisende an eingeklemmten Leistenbrüchen gestorben wären. Nämlich dann, so erklärte er mir in allen Einzelheiten, wenn die Bauchmuskeln so hart waren, daß sie die vortretende Darmschlinge abklemmten und die Blutzirkulation unterbanden. Das führe zu Wundbrand und einem langsamen, qualvollen Tod.

Schon vom Zuhören wurde mir übel. Konnte Mike recht haben? Und wenn ja, was sollte ich dann tun? In dieser Nacht hatte ich Alpträume: Unser Boot fror im Eis fest, und wir rannten bis vor ein riesiges steinernes Schloß, in dem es spukte. Dann saß ich plötzlich in einem Flugzeug, das irgendwie an einem fast senkrechten Berghang klebte und nun mit mir zum Start ansetzte.

Nach einem weiteren Tag erzwungener Untätigkeit erkletterte ich am späten Abend des 3. August eine hohe Eisspitze und entdeckte, daß sich etwa einen Kilometer entfernt eine Lücke im Packeis geöffnet hatte, die Richtung Jenny Lind Island führte. Das Terrain dazwischen war voller Abbrüche und Buckel und würde nur schwer zu überwinden sein, aber wir beschlossen, einen Versuch zu wagen. Schließlich saßen wir jetzt 47 Stunden in dieser Eishölle fest.

Es dauerte nur eine Stunde, PERCEPTION auf ihren Gleitern zum offenen Wasser zu ziehen, obwohl sie im Verlauf dieser Tortur mehrmals mit solcher Wucht von den aufgetürmten Schollen stürzte, daß wir Bruch befürchteten. Aber sie stand es durch, genau wie mein lädierter Bauch, und dann schwammen wir endlich wieder, segelten auf stark eisbedecktem Wasser der Insel entgegen. Als wir sie erreicht hatten, mußten wir das Boot in schenkeltiefem Wasser durch ein Labyrinth von Felsen zum Ufer ziehen. Ein Beinling meines Trockenanzugs bekam dabei ein Leck, und bis wir unser Lager errichtet hatten, fühlte sich der Fuß darin erfroren an. In dieser Nacht schlief ich mit Fußlappen aus warmen Kleidungsstücken.

Am Morgen machten wir uns an die Besteigung des kahlen Hügels, auf dessen hochgelegener Tundraflanke die Frühwarnstation Jenny Lind Island mit ihrem Antennenwald und der großen weißen Radarkuppel thronte.

Von diesem Hügel aus war im Eis der Victoria Strait praktisch keine Lücke zu entdecken. Doch am Nachmittag meldete ein Pilot der DEW-Kette, daß die Eisdecke zwischen Jenny Lind und den Inseln der Royal Geographic Society sechs Zehntel betrüge. Und als wir an einem Sendemast weit genug hinaufkletterten, konnten wir tatsächlich im Nordosten etwas offenes Wasser erkennen.

Kurz vor 20.00 Uhr schoben wir PERCEPTION über den steinigen Strand ins Wasser, segelten vorsichtig zwischen den felsgekrönten Untiefen hindurch und am küstennahen Eisgürtel entlang. Endlich fanden wir einen Kanal, der in offenes Wasser führte, und das Segeln begann wieder Spaß zu machen. Unter einem Himmel von feurigem Orangerot, in dem weiße Wolkenklöße schwammen, glitten wir vergnügt dahin. Da wir so nahe am magnetischen Nordpol nicht nach Kompaß navigieren konnten, richteten wir uns nach dem Funkfeuer auf Gladman Point, das Mike immer wieder anpeilte. Zwei Stunden lang kamen wir gut in Richtung der noch unsichtbaren Inseln voran.

Dann baute sich abermals eine Eisbarriere vor uns auf, die in weitem Bogen von Süden heraufschwang. Aber sie beunruhigte mich nicht sonderlich, denn ich wußte, weiter im Norden lag noch offenes Wasser. Wir fuhren in einen breiten Kanal ein, der so vielversprechend aussah, daß wir sogar den Spi setzten. Doch binnen zwanzig Minuten hatte uns der Eisbrei darin zum Stehen gebracht. Wir zogen das Boot auf eine Scholle, und Mike erkletterte den Mast, konnte aber nur berichten, daß unsere Lage aussichtslos schien: überall Eis, nichts als Eis.

Wir hatten wahrlich keine Lust auf eine neuerliche frustrierende Gefangenschaft und strampelten uns ab, um Perception schnell wieder zu Wasser zu bringen, bevor uns das Eis auch noch die Hintertür versperrte. Da sie bereits halb geschlossen war, mußten wir das Boot 100 m weit über die Schollen ziehen, ehe es wieder in den Kanal gleiten konnte, der uns hierher geführt hatte. Auf dem gleichen Weg zurücksegelnd, suchten wir eine Lücke, die in die erwünschte Richtung zeigte – vergeblich. Zuletzt mußten wir nach elf ergebnislosen Stunden durchfroren, entmutigt und erschöpft die ganze Strecke nach Jenny Lind zurücksegeln. Dort begrüßten uns schnatternd einige Dutzend Schneegänse, die mit ihren Küken über die Tundra watschelten. Später kam ein Techniker von der Frühwarnstation zum Strand gewandert und sah zu, wie wir unser Lager aufschlugen. Er musterte Perception mit dem skeptischen Gesicht eines Kunden, der Gebrauchtwagen begutachtet. „*Darin* möcht' ich dort draußen nicht erwischt werden", meinte er schließlich mit echt schottischem Akzent.

Mit dem sehnlichen Wunsch, ein starker Sturm möge aufkommen und das Eis aufbrechen, schliefen wir ein.

In den nächsten drei Tagen entwickelten wir eine Art „Dienstplan". Wir schliefen uns im Zelt gut aus, stiegen vormittags den Hang zur Station hinauf und informierten uns zunächst über die Eisverhältnisse, ehe wir in der Küche die Leckereien inspizierten, die der Koch heute anzubieten hatte. Danach lasen wir Zeitungen, sahen uns Videos an und unterhielten uns mit der Besatzung, ehe wir nach einem letzten Eis- und Wetterbericht entmutigt zu unserem Zelt hinunter stolperten. Eines Abends genossen Mike und ich das zweifelhafte Vergnügen, mit einem feisten Techniker ein hartes Pornovideo namens „Fette Hühner" betrachten zu dürfen. Nach dem ersten aufrüttelnden Überraschungseffekt fanden wir die Bilder ziemlich abstoßend. Unsere Vorstellung von Abenteuer in der Arktis sah zwar anders aus, aber wir mußten uns damit abfinden, daß es keinen anderen Aufenthaltsraum gab.

Einen langen Nachmittag vertrieb ich mir damit, einen Lagebericht zu Papier zu bringen und unsere Chancen abzuwägen. Unter der Überschrift „Optionen“ hielt ich drei Möglichkeiten fest:

1. Wir konnten direkt das 160 km entfernte King William Island angehen, indem wir das Boot auf seinen Gleitern hinter uns her zogen und segelten, wann immer es möglich war.
2. Wir konnten das Boot nach Süden ziehen und in dem einjährigen Eis am Queen-Maud-Golf einen ostwärts verlaufenden Kanal suchen.
3. Und schließlich konnten wir hier auf Jenny Lind warten, bis sich die Verhältnisse besserten.

Dann schrieb ich „Gründe fürs Hierbleiben“ auf:

1. Sicherer für die Crew.
2. Sicherer für Boot und Ausrüstung.
3. Nicht so ermüdend für das Team, das noch einen anstrengenden Sommer vor sich hatte.
4. Wetter- und Eisberichte zur Zeit ungünstig.
5. Mögliche Kanäle zum King William Island schneller erreichbar.
6. Mittelfristige Besserung der Eisverhältnisse vorhergesagt.
7. Zwei große Unbekannte: a) welche Belastung das Boot bei einem längeren Marsch übers Eis schadlos überstehen würde und b) ob wir auf dem Eis einen überraschenden Sturm abwettern konnten.

Als nächstes sammelte ich „Gründe für den Aufbruch“:

1. Der arktische Sommer verging schnell.
2. Die Eisverhältnisse konnten so ungünstig bleiben.
3. Das alljährliche „Fenster“ im Eis an der Westseite von King William Island, jenseits von Gjoa Haven, konnte sich schließen, ehe wir dort waren.

Es ist bezeichnend für meine Verzweiflung, daß ich mir nicht anders als mit dem Erstellen von Listen zu helfen wußte. Trotzdem blieb das Dilemma unlösbar.

Am 8. August ging ein weiterer ermutigender Bericht über sechs Zehntel Eisbedeckung zwischen Jenny Lind und den Inseln der Royal Geographic Society ein – diesmal von einem freundlichen Navigator an Bord einer Hercules der kanadischen Luftwaffe –, und wir machten uns bei einem 35-km/h-Wind aus Nordwest, bei dichter Wolkendecke und Nebel erneut auf den Weg. Die Temperatur betrug 2° Celsius.

Die Geographic-Gruppe lag im Nordosten, und wir überprüften unsere Position sorgfältig mit dem Funkpeiler. Aber die meisten Peilungen dirigierten uns mehr nach Norden als nach Osten, und je weiter wir durch das neblige Labyrinth segelten, desto unsicherer wurden wir in der Positionsbestimmung. Immer wieder stießen wir auf Eisbänder, über die wir das Boot ziehen mußten, ehe wir weiterkamen. Jeden Augenblick rechneten wir damit, die Umrisse der Inseln vor uns auftauchen zu sehen, wurden aber immer wieder enttäuscht. Nach elf Stunden mußten wir uns eingestehen, daß wir uns verirrt hatten. Ich ließ Halt machen, und wir zogen PERCEPTION mit letzter Kraft auf dünnes, einjähriges Eis. Wieder saßen wir fest, und außerdem wußten wir nicht, wo wir uns befanden, denn der Horizont rundum war leer.

Wir schliefen auf dem Trampolin in unseren Biwaksäcken aus Gore-Tex und ließen das Großsegel stehen, um sofort wieder starten zu können. Als wir am nächsten Morgen erwachten, hatte sich die Sicht etwas gebessert, und wir glaubten, fern am nordöstlichen Horizont die dunklen Umrisse der Inseln zu erkennen. In allen anderen Richtungen sahen wir nichts als Eis.

Wir unternahmen den energischen Versuch, uns aus dem Labyrinth zu befreien, segelten in jeden vielversprechenden Kanal oder zogen das Boot übers Eis zur nächsten offenen Stelle. Aber unsere Hoffnung schwand, und als der Wind auf 50 km/h auffrischte, als es zu regnen begann und sich wieder Nebel heranwälzte, saßen wir in der gleichen Klemme wie am Vorabend, nur daß wir das Land jetzt völlig aus der Sicht verloren hatten.

Nachts wurde der Wind so stark, daß das Trampolin, auf dem wir uns erschöpft in unseren Schlafsäcken ausgestreckt hatten, immer wieder besorgniserregend abhob. Mehrmals rutschte PERCEPTION mit ihrem ganzen Gewicht von 400 kg, das sich aus Proviant, Ausrüstung und Crew zusammensetzte, eine Strecke übers Eis. Damit hörte der Spaß für mich auf.

7. KAPITEL

„Ich fühlte, daß das Eis ein festes Band zwischen uns und den todgeweihten Männern der Franklinexpedition geschmiedet hatte.“

Um die Mittagszeit des nächsten Tages hatten sich die Verhältnisse leicht gebessert. Der Starkwind war weitergezogen und hatte den Regen mitgenommen; der Nebel hatte sich so weit gelichtet, daß die Sichtweite 1 km betrug. Mehrmals peilte ich sorgfältig das Funkfeuer auf Gladman Point an, und dann segelten wir in einen breiten Kanal offenen Wassers, der sich nach Nordosten erstreckte. Doch nur fünfzehn Minuten konnten wir auf diesem günstigen Kurs bleiben, dann zwang uns das Eis zum Ausweichen nach Nordwesten und drängte uns schließlich mit immer enger werdenden Lücken nach Westen und Süden ab.

Langsam verkam unser Tagespensum zu einer knochenbrechenden, frustrierenden, markgefrierenden Tortur. Der Nebel wurde wieder dicker, während wir von Rinnsal zu Rinnsal krochen oder PERCEPTION über Eispfannen, um eisige Berge und Buckel und durch einen Verhau aus ein- und mehrjährigem Eis schleppten. Von einem Generalkurs konnte keine Rede mehr sein, denn wir mußten dabei mäandern, bis wir schließlich jede Orientierung verloren, zumal wir schon beim Aufbruch unserer Position nicht sicher gewesen waren.

Jedesmal, wenn sich freies Wasser vor uns auftat, quälten wir uns mit der Frage ab, ob wir es nutzen sollten. Mochte dieser Kanal auch in die Gegenrichtung führen, so bestand doch immerhin die Chance, daß wir in seinem Verlauf einen günstigen Seitenarm fanden. Andererseits – wenn wir uns erst einem Fahrwasser anvertraut hatten, konnten wir nur selten wieder umkehren, denn die kaleidoskopartig durcheinandergleitenden Eisschollen schlossen sich schnell wieder hinter uns. Es frustrierte mich gewaltig, daß wir anscheinend immer die falschen Entscheidungen trafen, bis mir endlich aufging, daß es in dieser Lage vielleicht gar keine „richtigen“ Entscheidungen gab.

Beobachter aus der Luft hatten diese Eisdecke laut DEW-Station Jenny Lind zwar auf sechs Zehntel beziffert, aber uns schien sie hier viel geschlossener zu sein. In den gleichen Berichten waren wir gewarnt worden, daß sich die Bedingungen auf unserer weiteren Route nach Gjoa Haven noch verschlechtern würden, bis hin zu einer Eisbedeckung von neun Zehnteln. Allmählich fragte ich mich, ob wir bis zum nächsten Jahr warten mußten, ehe sich das Eis hier so weit lockerte, daß wir diese Etappe bewältigen konnten.

Hartnäckig rackerten wir uns ab bis zur totalen Erschöpfung, blieben aber so erfolglos, daß ich deprimiert und wütend das Eis, den Nebel und unser elendes Pech zu verfluchen begann. Die Meinungsverschiedenheiten zwischen mir und Mike, welchen Kanälen im Eis wir folgen sollten, wurden hitziger. Er wählte immer die falschen, aber mir erging es nicht besser. Trotzdem schaffte er es irgendwie, unsere Lage optimistischer zu beurteilen als ich, und schließlich ging ihm meine negative Haltung auf die Nerven. Einmal explodierte er und rief: „Na gut, ich kann ja genauso wie du alles nur noch schwarz in Schwarz sehen!“

Da hatte er recht, dachte ich. Ich durfte mich von Umständen, die sich meinem Einfluß entzogen, nicht derart entmutigen lassen.

Bei dichtem Nebel und gefrierendem Nieselregen pausierten wir zum Abendessen, und ich baute unseren Kocher im Windschutz des Bootes auf. Meine Hände waren so naß und kalt, daß ich keines unserer drei Feuerzeuge zum Funktionieren brachte und den Kocher schließlich mit einem Streichholz anzünden mußte. Während ich darauf wartete, daß das Wasser kochte, begann ich meine rohe, gefriergetrocknete Portion direkt aus der Folie zu mampfen. Sie schmeckte recht gut, etwa wie Kartoffelchips.

Noch während unserer Mahlzeit öffnete der Himmel alle Schleusen. Wir schoben PERCEPTION auf ein Floß aus dickem, mehrjährigem Eis, das einige erhöhte Aussichtspunkte aufwies, und machten uns an die mühselige Arbeit, unsere Heimstatt für die kommende Nacht zu errichten. Das Boot stellten wir mit den Steven in den Wind, um ihm die geringstmögliche Angriffsfläche zu bieten, dann holten wir das Großsegel nieder und rollten es fest ein. Wir lösten den Baum vom Mast, räumten die wirren Leinen vom Trampolin und holten das Zelt aus dem wasserdichten Steuerbord-Vorschiff, wo es seinen Stauplatz hatte. Wir bauten die Aluminiumstreben zusammen und knöpften das Nylongewebe des Zelts daran fest. Sobald die Kuppel stand, spannten wir den grauen Regenschutz darüber, damit wir auch wirklich trocken blieben. Während ich die Rückseite des Zelts an die vordere Kante des Trampolins laschte, stapelte Mike im Vorzelt all das an Ausrüstung, was nicht naß werden sollte, und band seine Seite ebenfalls fest.

Als nächstes warfen wir unsere Isoliermatratzen von Thermorest, die Schlafsäcke und Reservekleidung ins Zeltinnere, dazu Windlaterne, Walkman, Proviant, Kocher, Notizbücher und andere Dinge, die wir vielleicht in der Nacht brauchen würden. Zuletzt schälten wir uns aus den Trockenanzügen, ließen sie im Vorzelt liegen und krochen in unsere schützende Höhle, die uns hoffentlich eine weitere Nacht warm und trocken halten würde.

Als unser dritter Tag auf dem Eis anbrach, hatte sich der Nebel gelichtet, und zum erstenmal seit 48 Stunden erblickten wir Land. Allerdings nicht dort, wo wir es erwartet hatten.

Wir rechneten fest damit, inzwischen dicht vor den Inseln der Royal Geographic Society zu stehen, und spähten deshalb angestrengt nach Osten. Nichts. Mike holte sein stärkstes Teleobjektiv heraus und sah hindurch. Immer noch nichts. Dann schwenkte er das Objektiv um 180 Grad und entdeckte genau hinter uns Land, eine braune Steilküste am westlichen Horizont.

„Was, zum Teufel, ist das?“ fragte er.

Einige Sekunden lang waren wir total desorientiert. Dann begriffen wir, daß dies Victoria Island sein mußte. Das Eis hatte uns in einer großen, 80 km langen Schlinge nach Norden entführt, weg von unserem Kurs, und jetzt standen wir nicht näher an den Inseln der National Geographic Society als schon vor Tagen beim Aufbruch von Jenny Lind – nur etwas weiter nördlich. Kurz danach bestätigte sich diese Position, als wir Jenny Lind fern im Südwesten sichteten.

Die Enttäuschung betäubte uns, und es dauerte einige Minuten, bis wir auch nur anfingen, über unsere nächsten Schritte nachzudenken.

Am besten schien es uns, das Boot übers Eis nach Victoria Island zu ziehen, an dessen Küste mit offenem Wasser zu rechnen war. Sobald wir es erreicht hatten, mochten wir auch einen davon abzweigenden Kanal nach Osten finden. Bei der chaotischen Eiswüste, die uns da entgegenstarrte, würde es eine kräftezehrende Arbeit werden, deshalb beschlossen wir, das Küsteneis zunächst allein zu erforschen, ehe wir das Boot nachholten. Zum erstenmal seit Cambridge Bay kam die Sonne hervor – für uns ein Omen.

Während Mike seine Kamera lud und schon aufbrach, schlüpfte ich noch einmal ins Zelt zurück und holte einen kleinen Nylonsack heraus, den ich in Toronto für einen Anlaß gepackt hatte, wenn unsere Laune auf dem Tiefpunkt war und Aufheiterung nötig. Der Sack enthielt einen roten Rock mit Kapuze, eine rote Hose, einen schwarzen Gürtel und einen weißen langen Bart. Schnell zog ich das alles über meinen Trockenanzug – und schon war ich der Nikolaus! Als Mike sich umblickte und Santa Claus hinter sich herstapfen sah, war er zunächst perplex. Aber dann erholte er sich und machte eine Fotoserie vom arktischen Weihnachtsmann.

Zwei Stunden lang kletterten wir vorsichtig über Platten aus ein- und mehrjährigem Eis, bis wir an den Rand einer großen eisfreien Bucht kamen. Mittlerweile war die Sonne verschwunden und wieder Nebel aufgezogen, deshalb machten wir uns schleunigst auf den Rückweg.

Zu unserem Schrecken hatte das Packeis begonnen, hinter uns aufzubrechen. Was wie ein simpler Spaziergang nach Victoria Island ausgesehen hatte, wurde nun zu einem verzweifelten Hürdenlauf, damit wir PERCEPTION noch erreichten, bevor sie von ihrer Scholle glitt und versank. Wir rannten so schnell, wie es das trügerische, bucklige Terrain zuließ, und sprangen von Platte zu Platte, während der rote Nikolausanzug um meinen Körper flatterte. Ich muß einen komischen Anblick geboten haben. Mike lief voraus und machte das sehr geschickt, prüfte erst jede Scholle, ehe er behende von einer zur anderen sprang. Oft gaben die Eisstücke unter seinem Gewicht nach oder versanken. Ich folgte ihm mit Angstschweiß auf der Stirn, denn ich wog 14 kg mehr und trug außerdem den Funkpeiler und unseren Sendeempfänger in meinem Rucksack; keines der beiden Geräte war wasserdicht, aber jedes für uns lebenswichtig.

Wir hatten drei Viertel des Rückwegs geschafft, als wir ein Flugzeug hörten, das ich über Funk anrief. Es war eine DC-3 der Northwest Territories mit Fracht für Gjoa Haven. Der Pilot kreiste, damit wir uns unterhalten konnten. Er informierte uns, daß nicht allzu weit voraus offenes Wasser lag, wünschte uns Glück und brummte dann Richtung Gjoa davon, wo er in einer knappen Stunde landen würde, während wir uns seit drei Tagen, seit wir Jenny Lind verlassen hatten, vergeblich auf dieses Ziel zukämpften.

Ich schaffte es, PERCEPTION noch vor Mike zu erreichen, und bereitete schon kochendes Wasser für unsere Mahlzeit, ermutigt vom Anblick der dunklen Lücken, die sich überall um uns herum auftaten. Vielleicht konnten wir heute doch noch aus diesem eisigen Gefängnis ausbrechen.

Mike rief von einer nahen Scholle um Hilfe: Er konnte das Boot nicht erreichen und brauchte unseren schwimmenden Sessel, die

Survivalplattform für eine Person. Darauf wollte er eine schnell wachsende Lücke im Eis überqueren, über die ich vor wenigen Minuten noch gesprungen war. Ich warf ihm den Sitz am Ende seiner Sorgleine zu, er blies ihn auf und paddelte darin übers Wasser. Mit seinem struppigen Bart hätte ihn jeder für Neptun auf dem Thron gehalten. Neptun und Nikolaus – wir gaben schon ein prächtiges Paar ab.

Als wir gegen 22.00 Uhr mit dem Essen fertig waren, hatte sich ein Kanal in Richtung Jenny Lind geöffnet, und wir überlegten, ob wir ihm folgen oder dem Verlangen unserer müden Knochen nachgeben sollten, die unbedingt ein paar Stunden Schlaf brauchten. Mehrmals kletterte ich auf den Eisbuckel, den wir als Ausguck benutzten, und starrte auf das freie Wasser hinaus. Es erstreckte sich anscheinend 500 m weit in Richtung der Insel, nicht weit genug, um eine Erkundung zu lohnen. Einmal beschloß ich, trotzdem einen Versuch zu wagen, dann überlegte ich es mir gleich darauf anders. Schließlich kletterte ich noch einmal auf unseren Ausguck, und irgend etwas in mir sagte: „Los!“ Mike war scharf auf den Versuch, also begannen wir, unser Lager abzuschlagen.

Ganz in diese Arbeit vertieft, fuhren wir erschrocken zusammen, als eine riesige Bartrobbe nur drei Meter von uns entfernt den Kopf aus dem Wasser steckte. Trotz ihrer etwa 350 kg Gewicht war sie mit einer unstillbaren Neugier gesegnet: Immer wieder stemmte sie ihren schweren Körper bis zur Hälfte ins Freie, um aus klugen, kohleschwarzen Augen zu uns herüber zu spähen.

Als wir Segel setzten, ging gerade der Mond auf und zeigte sich uns zum erstenmal auf dieser Expedition: ein blutrotes, gespenstisches Gesicht. Kurz nach Mitternacht brachen wir etwas nördlich von Jenny Lind auf offenes Wasser durch und segelten endlich nach Osten, wieder mal auf die Inseln der Royal Geographic Society zu, während Mike mit dem Funkpeiler in der Hand das Signal von Gladman Point einfing. Sechs Stunden lang kämpften wir uns dann durch Treibeis voran, das wir im trügerischen Zwielicht kaum ausmachen konnten, zitternd vor Kälte in der frostigen Nacht, bis uns eine Barriere aus granithartem, mehrjährigem Eis stoppte. Es war 05.00 Uhr morgens, als wir PERCEPTION aus dem

Wasser zogen und im Schein eines feuerrot über den Horizont sickernden Sonnenaufgangs unser Zelt errichteten.

Zwei weitere Tage schleppten wir das Boot übers Eis oder tasteten uns durch den Irrgarten der Fahrrinnen, bis wir durch Regen und Nebel schließlich die westlichsten Inseln der Geographic-Gruppe ausmachen konnten. Nach sechs Übernachtungen im gefährlichen Packeis schlugen wir endlich unser Lager auf ihrem sicheren, festen Boden auf. Die Brandung hatte eine Reihe leuchtend rosafarbener Quallen auf den Sandstrand gespült, in denen immer noch Leben pulsierte. So gestrandet sahen sie widerlich aus, aber im Wasser bewegten sie sich mit faszinierender Leichtigkeit und Eleganz. Ihre vielen hundert Fäden trieben sie scheinbar mühelos voran, während sie den Meeresgrund nach Nahrung absuchten. In dieser Nacht träumte ich von Todesfällen in meiner Familie und erwachte durchfroren und vor Angst zitternd; ich konnte nur hoffen, daß nichts davon eintrat.

Am 12. August hatte Mike Geburtstag, zum zweitenmal auf dieser Expedition. Ich ließ vor unserem Start heimlich ein Plakat mit dem Aufdruck „Happy Birthday" in unsere große wasserdichte Kartentasche gleiten, die ans Großsegel geheftet war. Als er es entdeckte, schien er freudig überrascht zu sein.

Während wir uns mühsam den kalten, nassen und gewundenen Weg nach Osten erkämpften, begann ich das Eis immer mehr als Gleichnis für die Wechselfälle des Lebens zu sehen. Aus der Ferne wirkten die weißen Barrieren, die sich uns so oft entgegenstellten, unüberwindlich, aber wenn wir erst heran waren und sie nach Lücken absuchten, fanden wir fast immer einen Durchschlupf. Unser Kurs mochte sich noch so winden und manchmal sogar zurück führen, aber wenn wir unser Ziel nicht aus den Augen verloren, konnten wir es erreichen. Dabei war das Leben selbst zum Glück nicht immer so kalt und naß wie dieser arktische Sommer. In solchen Gedanken fand ich Trost, als es mir immer schwerer fiel, nicht vor dem totalen Frust zu kapitulieren.

Nachmittags landeten wir auf einer kleinen Insel, schwach vor Hunger und Durst, obwohl wir unsere normale Mittagsration verzehrt hatten. Wir verschlangen Salami und Käse und tranken etwas

Brackwasser aus einem Schmelztümpel. Unser Nahrungsbedarf war einfach unersättlich, und wenn wir ihn nicht stillen konnten, fühlten wir uns beide nicht nur physisch, sondern auch psychisch beeinträchtigt. Es erstaunte mich immer wieder, wie stark und prompt sich Essen auf uns auswirkte.

Ziehend, schiebend und fluchend überquerten wir mit PERCEPTION eine 70 m breite Sandbarre, um uns einen 8 km langen Eisparcours rund um eine Landspitze zu ersparen. Als wir uns von dieser Anstrengung erholt hatten, treidelten wir den Kat 1 km weit durch sehr flaches Wasser zu einem nach Westen führenden Kanal und bekamen dabei pitschnasse Beine. Ich hatte Mike versprochen, daß wir zur Feier seines Geburtstags früh Feierabend machen und ein besonderes Festmahl zelebrieren würden, mit einem Schluck Rum danach. Aber als wir gegen 20.00 Uhr einen geeigneten Lagerplatz suchten, entdeckten wir eine schmale Fahrrinne, die genau auf unserem Kurs verlief. Mit soviel verlockendem Wasser vor der Nase konnten wir einfach nicht Halt machen. Also stopften wir noch etwas Salami und Käse in uns hinein und segelten weiter, obwohl wieder Nebel aufkam. Wir sangen: „We all live in a yellow Hobie Cat...", in Abwandlung des *Submarine*-Songs der Beatles, und allmählich fühlte ich mich wie ein unbeteiligter Zuschauer. Hinter meiner Stirn formte sich eine Vision von Mike und mir, wie wir auf die beiden verschollenen Schiffe Franklins stießen, die wohlauf waren und voller Leben an Bord, mit Bullaugen, aus denen freundlicher gelber Petroleumschein aufs Eis fiel. An Deck hießen uns ebenso junge, optimistische und entschlossene Männer, wie wir es waren, mit Rum und warmem Essen willkommen. Später führten sie uns in die Bordbibliothek mit ihren 2000 Bänden, darunter auch Dickens' soeben erschienene „Great Expectations". In diesem Augenblick fühlte ich, daß das Eis ein festes Band zwischen uns und den todgeweihten Männern der Franklin-Expedition geschmiedet hatte.

Gegen 23.00 Uhr lichtete sich der Nebel, und wir stellten fest, daß wir uns vor einer weiteren kleinen Insel befanden. Erschöpft und wieder halb betäubt vor Kälte, zur Abwechslung jedoch mit dem Erreichten endlich einmal zufrieden, zogen wir das Boot an Land und schlugen auf einem grasbewachsenen Hügel unser Lager auf. Dann begannen wir Mikes Geburtstag zu feiern, so gut wir eben konnten. Ich knipste den winzigen Lautsprecher meines Walkman an, und Mike goß jedem ein Glas von dem Cognac ein, den er in seinem Gepäck irgendwo versteckt mitgebracht hatte. Während sich die Spaghetti bolognese in ihrem Beutel erhitzten, plauderten wir heiter und enthusiastisch über unsere künftigen Pläne. Zum Nachtisch aßen wir Nuß-Schokolade-Riegel und sanken schließlich gegen 01.00 Uhr selig in Morpheus' Arme.

Als ich morgens das Funkgerät für unsere tägliche Standortmeldung einschaltete, litt ich unter allen Symptomen eines klassischen Katers. Aber mein Kopf wurde blitzartig wieder klar, als ich die aus Toronto weitergeleitete tolle Nachricht hörte, daß mein Vater sich in diesem Augenblick an Bord eines französischen Forschungsschiffes über dem Wrack der TITANIC auf einen Tauchgang in die Tiefe vorbereitete. Was für ein Erlebnis, fast 4 km tief zu diesem berühmten Geisterschiff hinabzutauchen! In Gedanken war ich bei ihm.

Mir aber stand der schlimmste Tag unseres langen qualvollen Kampfes mit dem Packeis bevor, das den Queen-Maud-Golf versperrte. Wir brachen spät auf, erst nach einem langen Erkundungsvorstoß in südliche Richtung, wo wir Fahrrinnen im Eis gesucht hatten. Nichts war dabei herausgekommen als Streit über die richtige Wahl zwischen mehreren Möglichkeiten und weitere Verwirrung. Wie nicht anders zu erwarten, kam wieder Nebel auf, kaum daß wir begonnen hatten, einen schmalen Kanal hinunterzusegeln. Nachdem wir uns einige Zeit durch die Waschküche getastet hatten, standen wir schließlich wieder da, wo wir angefangen hatten: vor unserem Lagerplatz. Nun versuchten wir es in anderer Richtung, zogen PERCEPTION über das vereiste Ufer und durch steinübersäte Untiefen und fanden nach zwei Stunden endlich genug offenes Wasser, um zur Nachbarinsel segeln zu können.

Als wir deren steile Hänge erkletterten, stieg in mir plötzlich eine undefinierbare Ahnung auf, daß uns das Glück verlassen würde, und ich begann zu rennen.

Vom Gipfel aus sahen wir eine einzige endlose Eiswüste vor uns liegen; nur ein paar dünne, gewundene Wassergräben durchzogen sie, von denen uns kein einziger befahrbar schien. Also nichts Neues! Mein ganzer Optimismus fiel in sich zusammen. Bei zunehmender Dunkelheit segelten wir schließlich so lange in einen Kanal hinein, bis er sich vor uns schloß und wir wieder einmal festsaßen. Ich stieg auf eine Scholle, glitt aus und verletzte mich am Bein. Da hockte ich nun, aufs tiefste deprimiert.

„Das Eis bleibt Sieger“, sagte ich zu Mike. „Es hat uns geschafft.“

Ich fühlte mich geschlagen, körperlich wie geistig. Alle Kraft und Energie, die ich besaß, hatte ich in dieses Wagnis investiert, mich mit ganzer Seele, ganzem Herzen eingebracht, und nun besiegten uns die Elemente. Es schien mir einfach unfair.

Wir verholten das Boot zu einer kleinen Sandinsel und kampierten dort für die Nacht. In meinen quälenden Träumen mochte mich keiner, den ich kannte.

Am nächsten Morgen erwachte ich in etwas besserer Stimmung und brachte wenigstens genug Willenskraft auf, um einzupacken und weiterzumachen. Ich kann aber nicht sagen, daß ich enthusiastisch war, denn schließlich ist es nicht gerade anregend, wenn der Tag damit beginnt, daß man sich kalte, nasse Socken über die Eisbeine ziehen muß.

Wieder einmal paddelten wir durch schmale Rinnen im Eis, die sich vor uns öffneten oder schlossen, und ertrotzten uns einen verschlungenen Weg ungefähr auf die nördlichste der Geographic-Inseln zu, die selbst auf unserer Detailkarte nur ein winziger schwarzer Punkt war.

Wir hatten kräftigen Wind und auf offenem Wasser auch starken Seegang, dazu schlechte Sicht und natürlich wieder Dauerregen. Als wir die Insel endlich erreicht hatten, watete ich an Land und trottete bergauf, um zum xten Male das Eis zwischen uns und King William Island zu studieren.

Ich traute meinen Augen nicht: offenes Wasser! Meilenweit überall offenes Wasser! Das einzige, was uns noch davon trennte, waren etwa 400 m durcheinandergewürfeltes Küsteneis auf der anderen Seite der Insel. Mike trat neben mich, und wir veranstalteten auf der kahlen Inselkuppe einen Freudentanz.

Wir benötigten zwei Stunden, um PERCEPTION über diesen 400 m breiten Eisgürtel zu ziehen. Denn die Bahn, wenn man sie überhaupt so nennen kann, war ein höllischer Verhau aus gestrandetem Eis – Platten und Blöcke aller Größen, Formen und Altersstufen, von denen manche bis zu 3 m aus dem Wasser ragten. Alle arbeiteten knarrend und krachend in der Strömung und drohten uns die Beine zu zerquetschen, wenn wir auch nur einen falschen Schritt machten. Manchmal hingen PERCEPTIONS Steven hoch über unseren Köpfen,während wir sie auf ihren Gleitern übers Eis zerrten, und wir konnten nur hoffen, daß sie diese immense Belastung heil überstand. Unsere Technik war simpel: „Eins, zwei, drei – hiev!" Und wieder waren wir einen Meter weiter. Dann prüften wir unsere Position, änderten notfalls die Richtung und wiederholten das Ganze: „Eins, zwei, drei – hiev!"

Einmal endete solch eine Anstrengung mit einem Schmerzensschrei von Mike, weil ein Rumpf auf seinem Fuß landete. Schnell schoben wir ihn herunter. Eine gründliche Untersuchung ergab zum Glück, daß kein bleibender Schaden entstanden war, obwohl Mike wegen der Prellung noch tagelang humpelte.

Schritt für Schritt kämpften wir uns über das Küsteneis zum offenen Wasser vor, und nach weiteren zwei Stunden landeten wir an den öden, monotonen, schlammigen Gestaden von King William Island. Gjoa Haven, wir kommen!

Der Wind blieb so günstig, daß wir am Westufer entlang nach Südosten segeln konnten, quer über die Terror Bay, bis wir an der engen Simpson Strait erneut auf Eis stießen. Da wir den besten Kurs in der mitternächtlichen Düsternis nicht mehr erkennen konnten, zogen wir PERCEPTION auf den sandigen, tangbedeckten Strand eines Inselchens namens Etna.

Wir wickelten unsere tauben, geschwollenen Füße in nicht benötigte Kleidungsstücke und krochen schaudernd vor Kälte nach 16 kräftezehrenden Arbeitsstunden in unsere Schlafsäcke.

Wir hatten eine Gegend erreicht, die wie kein anderes Gebiet der Arktis bevölkert war – von den Geistern der großen viktorianischen

Forschungsreisenden. Nicht weit im Norden lag die Stelle, wo das Eis Franklins Schiffe EREBUS und TERROR zwei Jahre hintereinander eingeschlossen hatte und wo sie, von ihren Besatzungen verlassen, schließlich untergingen. Hätten sie es nur noch 150 km weiter nach Süden geschafft, wäre Franklin die Entdeckung der Nordwestpassage gelungen, weil er dann auf die Küste gestoßen wäre, die Thomas Simpson sechs Jahre zuvor in einem offenen Boot von Westen her schon erforscht hatte.

King William Island selbst war früher mit stummen Zeugen für Franklins Gefangenschaft förmlich übersät, darunter auch die Gebeine einiger seiner Männer. Am Victory Point an der Nordküste der Insel hatte Leopold McClintocks Suchtrupp 1859 den aufgeschichteten Steinhügel entdeckt, der den einzigen schriftlichen Bericht über das Schicksal von Franklins Expedition enthielt. Auf einem Formular, das damals Forschungsschiffe mitnahmen, um es später zur Erkundung der Meeresströmungen in einer Flasche dem Ozean zu übergeben, stand sinngemäß Folgendes:

28. Mai 1847. Seiner Majestät Schiffe EREBUS und TERROR überwinterten im Eis auf 70°05'nördlicher Breite und 98°23' westlicher Länge. Sie hatten 1846-7 (sic; es hätte 1845-6 heißen müssen) *bei Beechey Island auf 74°43'28" nördlicher Breite und 9°139'15" westlicher Länge überwintert, nachdem sie den Wellington Channel bis zu einer Breite von 77° hinaufgesegelt und zur Westseite von Cornwallis Island zurückgekehrt waren.*

Kommandant der Expedition: Sir John Franklin.

Alle wohlauf.

Eine Gruppe aus 2 Offizieren und 6 Männern verließ die Schiffe am Montag, dem 24. Mai 1847.

Eine hoffnungsvolle, vielversprechende Botschaft. Aber in die Zwischenräume hatte jemand mit einer anderen Handschrift etwas gekritzelt, das unheilschwanger klingt:

25. April 1848. Seiner Majestät Schiffe TERROR und EREBUS wurden am 22. April 5 leagues (1 marine league = 5,56 km) *nordnordwestlich von hier aufgegeben, nachdem sie dort seit dem 12. September 1846 festsaßen. Offiziere und Mannschaften, insgesamt 105 Seelen, landeten hier unter dem Kommando von Captain F.R.M.Crozier.*

Sir John Franklin starb am 11. Juni 1847. Bis heute verlor die Expedition durch Tod 9 Offiziere und 15 Männer.

F.R.M. Crozier	*James Fitzjames*
Captain und dienstältester Offizier	*Captain H.M.S. EREBUS*

Wir starten morgen, am 26., zum Back's Fish River.

Mit einem Restvorrat an Pökelfleisch und Zwieback für vielleicht drei Monate hatten sie sich das Unmögliche vorgenommen: den nächstliegenden Außenposten der Hudson's Bay Company zu erreichen, indem sie dem Back River zum Großen Sklavensee folgten, der 1600 km weit im Süden lag.

In der Umgebung des Steinhügels wurde eine Unmenge Ausrüstung gefunden, von Silberbesteck über ganze Haufen wollener Kleidung bis hin zu Büchern aus der Schiffsbibliothek: ein Beweis, daß hier Männer in Vorbereitung auf einen langen Fußmarsch ihr Gepäck geleichtert hatten.

Ganz in der Nähe unseres Lagers, bei Kap Crozier, hatte McClintocks Suchtrupp weitere traurige Überreste gefunden: ein Boot, eigens für die Fahrt den Back River hinunter gebaut, aus leichten Holzplanken und mit Paddeln statt mit Riemen bestückt. Es stand noch auf seinem Transportschlitten, und in ihm ruhten die Skelette zweier Männer.

McClintock schätzte das Gesamtgewicht von Boot und Schlitten, ohne den Inhalt, auf 1400 pounds oder 620 kg: fast zweieinhalb mal schwerer als unsere vollbeladene PERCEPTION! Seinen Fund beschrieb er folgendermaßen: „Neben einer erstaunlichen Menge Kleidung fanden wir sieben oder acht Paar Stiefel von unterschiedlicher Art – Winterstiefel aus Stoff, Seestiefel, schwere knöchelhohe Stiefel und feste Schuhe. Mir fielen seidene Halstücher auf – schwarz, weiß und gemustert –, außerdem Handtücher, Seife, Schwämme, Zahnbürsten und Kämme. Außerdem fanden wir Flachsgarn, Nägel, Sägen, Feilen, Bürsten, Wachs, Segelmacherhandschuhe, Pulver, Kugeln, Schrot, Patronenhülsen, Pfropfen, ein Lederetui für Munition, diverse Messer – Klapp- und Speisemesser –, Nähzeug mit Nadel und Faden, langsam abbrennende Zündhölzer, mehrere für Messer zurechtgeschnittene Bajonettscheiden, zwei Rollen Bleiblech – kurz gesagt, die unterschiedlichsten Dinge in erstaunlicher Vielfalt. Wer allerdings heutzutage in diesem Gebiet mit Schlitten unterwegs wäre, würde das meiste davon als unnötigen Ballast betrachten, wahrscheinlich nur dazu geeignet, die Kräfte der jeweiligen Schlittenmannschaft sinnlos zu verzehren. An Proviant fanden wir nur Tee und Schokolade, von ersterem sehr wenig, von letzterer dagegen 40 pounds. Im Heck des Bootes entdeckten wir elf Suppenlöffel, elf Gabeln und vier Teelöffel, alle aus Silber. Von diesen 26 Bestecken trugen acht das Wappen Sir John Franklins, die restlichen die Wappen oder Initialen neun verschiedener Offiziere."

Da ich inzwischen selbst Erfahrungen mit dem Bootstransport übers Eis besaß, trieb mir die Vorstellung, wie diese ausgehungerten, vom Skorbut geschwächten, halb erfrorenen Männer sich mit solch schwerem, größtenteils nutzlosem Gerät abgeplagt hatten, die Tränen in die Augen.

Zwanzig Jahre nach McClintocks Funden treckte der amerikanische Kavallerieleutnant Schwatka über Land bis nach King William Island. Dabei fand er noch mehr Gebeine und Überreste und erfuhr von den Inuit am Back River, daß 35 weiße Männer auf dem Festland umgekommen waren, und zwar bei Point Richardson auf der Adelaide-Halbinsel, nur wenige Kilometer südöstlich unseres Lagers. Die von den Inuit gefundenen Toten lagen noch inmitten vieler Papiere, aber erst 1923 untersuchte als erster Weißer Knud Rasmussen die Stelle. Er entdeckte natürlich keine Papiere mehr, aber eine Menge menschlicher Gebeine, die er bestattete. Knochen und Schädel trugen eindeutig Spuren von Kannibalismus, viele waren mit der Säge zerteilt worden. 1931 wurden weitere Gebeine auf einer Insel in der östlichen Simpson Strait gefunden, nur einen Steinwurf von der Stelle entfernt, wo wir unser Zelt aufgeschlagen hatten.

Stammesüberlieferungen der Inuit bezeugen, daß einige Offiziere und Männer Franklins noch mehrere Jahre in jenem Gebiet überlebten, zweifellos aufrechterhalten durch die Hoffnung auf Rettung. Aber die vielen tatsächlich eintreffenden Suchexpeditionen konzentrierten sich in den entscheidenden ersten Jahren fast ausschließlich auf die Gewässer weit im Norden von ihnen, auf die Barrow Strait und den Wellington Channel nördlich des Peel Sound. Einer der Gründe dafür war anscheinend der damals weitverbreitete Glaube, daß auf dem Dach der Welt, etwa dort, wo die heutigen Queen-Elizabeth-Inseln liegen, ein warmes, eisfreies Polarmeer existiere, das Franklin wahrscheinlich entdeckt habe.

Es gab noch einen Grund, weshalb so weit im Norden gesucht wurde, und das war die innerhalb der britischen Marine vorherrschende Überzeugung, daß der Peel Sound ständig durch Eis versperrt sei und deshalb für Erebus und Terror keine Fluchtroute nach Süden sein konnte. Schiff auf Schiff hatte sich bis zum Sundeingang durchgeschlagen, nur um ihn vom Eis völlig blockiert zu finden.

Aber Franklin war trotzdem den Peel Sound hinunter gesegelt, und ich hatte vor, das Gleiche in der Gegenrichtung zu tun.

8. KAPITEL

„Mein amerikanischer Eisenfresser warf nur einen Blick auf die Bedingungen, unter denen er segeln sollte – und flog mit der nächsten Maschine zurück in die Staaten.“

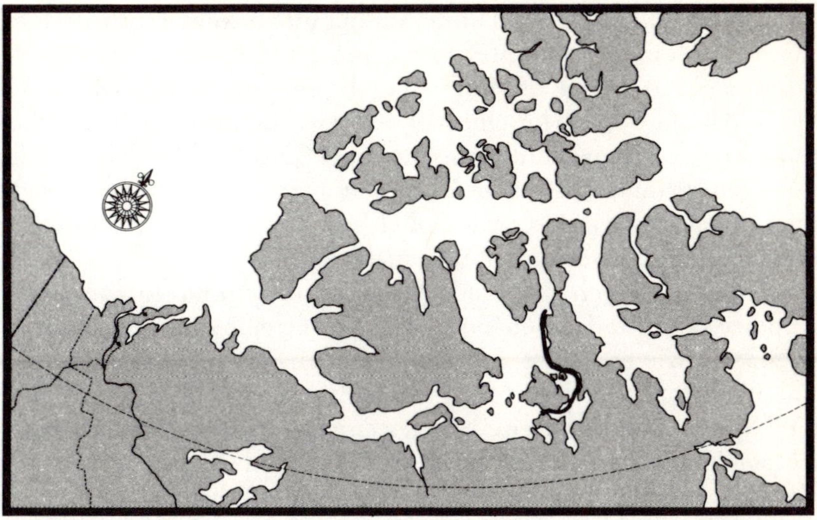

Noch zwei Tage schlängelten wir uns durch die Lücken im Eis oder schleppten PERCEPTION über die weißen Barrieren, dann erreichten wir endlich Gjoa Haven. Es waren keineswegs ereignislose Tage. Eine Strecke lang treidelten wir das Boot im Rasmussen-Basin durch das Flachwasser zwischen der Küste und dem gestrandeten vorjährigen Eis, bis unsere Beine in den zerschlissenen, undichten Stiefeln von den Knien abwärts vor Kälte und Nässe abstarben. Als wir dann endlich auf relativ offenes Wasser stießen, steuerten wir den Kat mit eingerollter Fock und stehendem Großsegel auf einen Sandstrand, um joggend und hüpfend die Blutzirkulation wieder anzukurbeln. Unsere Bewegungen dabei waren so unbeholfen, als versuchten wir, auf zwei tauben, eingeschlafenen Beinen zu laufen.

Mike joggte in die eine Richtung, ich in die andere. Als ich mich nach 40 m umdrehte, sah ich PERCEPTION mit dem Heck voraus nach See zu driften – mit unserem ganzen Proviant und Gerät an Bord. Ich schrie Mike, der dem Boot näher war, eine Warnung zu, aber bei dem Wind konnte er mich nicht hören. Also rannte ich stolpernd zum Strand zurück und ins Wasser, wo ich erst mal der Länge lang hinfiel. Inzwischen trennten mich noch 15 m von PERCEPTION, in deren Großsegel bereits der Wind griff. Ich rappelte mich auf, pflügte spritzend hinter ihr her und bekam in brusttiefem Wasser mit einem verzweifelten Sprung gerade noch ihren Steuerbordbug zu packen. Der Herzschlag dröhnte mir in den Ohren.

Nicht lange danach krachte Mike durch brüchiges Eis, als wir das Boot wieder einmal hinter uns her zogen; er konnte sich gerade noch am rechten Ausreitsitz festhalten, ehe er versank, zerrte sich aber dabei die Schulter. Allmählich sahen wir aus wie Veteranen des Krimkriegs und fühlten uns auch so.

In diesen Tagen konnten wir zum erstenmal meine alten Abfahrtsskier für das Boot benutzen. Wir erreichten ein Eisfeld, so eben, wie wir es bisher noch nie gesehen hatten, und auf ihren untergeschnallten Brettern folgte uns PERCEPTION so gehorsam wie ein Hündchen an der Leine. Auch wenn nur einer von uns zog, glitt sie spielend leicht dahin. Doch die Freude dauerte nicht lange: Bald bekam das Eis wieder Buckel und Aufbrüche, an deren Kanten sich die Skispitzen verfingen. Die Bretter mußten runter.

Gjoa Haven war die Bucht, in der Amundsen zweimal mit seinem umgebauten Fischkutter, der GJOA, überwintern mußte, als er in den Jahren 1904 bis 1906 die Durchfahrt erzwang. Er nannte sie den „schönsten kleinen Naturhafen der Welt" – ein Lob, dem ich nur beipflichten konnte, als ich zwischen den schützenden Hügeln durch die enge Zufahrt segelte. Heute ist Gjoa Haven eine Siedlung mit 600 Einwohnern, überwiegend Inuit, und besitzt ein Flugfeld, Verwaltungsgebäude, ein Hotel und eine ganze Sammlung ungewöhnlich bunter Bungalows, die auf Pfählen im Permafrostboden stehen.

Als wir in den Hafen kreuzten, kam der rot-weiße Rumpf von VAGABOND II in Sicht, immer noch auf ihren Winterböcken an Land.

Ein kleiner triumphierender Schauer durchzuckte mich, als ich begriff, daß wir sie endlich eingeholt hatten. Etwa 50 Leute waren zum Hafen gekommen, um uns in Empfang zu nehmen. Mike rief ihnen einen Gruß zu, und sie jubelten uns entgegen. Es war ein großartiger Augenblick.

In der Menge erkannten wir zwei Besatzungsmitglieder der VAGABOND. Da ihr Kapitän erst in zwei Tagen für die Sommersaison einfliegen sollte, luden sie uns zum Abendessen ein und boten uns für die Nacht zwei Kojen in ihrer geheizten Kabine an. Durch Abwesenheit glänzte jedoch mein amerikanischer Segelstar, der eigentlich in Gjoa Haven zu uns stoßen wollte. Er tauchte erst auf, als wir mit dem Dinner auf VAGABOND fast fertig waren, und ich spürte sofort, daß etwas nicht stimmte. Dann erfuhr ich, daß er für den nächsten Tag einen Platz in der Maschine nach Süden reserviert hatte. Das war ein gewaltiger Schock, aber ich bemühte mich, mir nichts anmerken zu lassen und so wenig wie möglich darauf zu entgegnen, bis ich das Problem geistig verarbeitet hatte. Ich begleitete ihn in sein Hotel zurück, nahm dort das dringend benötigte Duschbad, und dann redeten wir. Aber alles, was ich ihm abringen konnte, war das Versprechen, nicht eher heimzufliegen, als bis wir die Situation gründlich analysiert hatten. Dann legte ich mich in meiner Koje auf VAGABOND mit einem Gefühl der Unwirklichkeit schlafen: So etwas konnte mir doch nicht tatsächlich passieren! Bestimmt wachte ich morgens auf und stellte fest, daß alles nur ein Mißverständnis war und ich immer noch einen erfahrenen Mitsegler für den Trip nach Norden hatte.

Doch es sollte nicht sein. Offenbar hatte ihn der Mut verlassen, als er in der einen Woche, die er auf uns wartete, die Einheimischen über das Wetter und die Eisverhältnisse hatte klagen hören. Dabei setzte sich wohl in seinem Kopf fest, daß unsere Reise ein Ding der Unmöglichkeit war. Ich tat mein Bestes, um ihn davon zu überzeugen, daß diese Gewässer befahrbar waren und daß sein Mitmachen den Ausschlag für ein Gelingen der Expedition gab. Ohne Erfolg. Meine Argumente beeindruckten ihn nicht, und er flog zwei Tage später ab.

Zum Glück war Mike noch in Gjoa und konnte in die Bresche

springen. Er tat es gern und mit viel Takt, sagte auch zu, mich bis zum Ende zu begleiten. Er war sensibel genug, um seine sicherlich berechtigte Kritik an meinem amerikanischen Eisenfresser für sich zu behalten, der nur einen Blick auf die Bedingungen geworfen hatte, unter denen er hier segeln sollte, und mit der nächsten Maschine in die Staaten zurückgeflogen war. Ich lernte immer besser zu würdigen, welch entscheidenden Beitrag Mike mit seiner Tapferkeit und Polarerfahrung leistete.

Wir füllten Perception Rümpfe aus dem Vorrat, den wir in Gjoa angelegt hatten, mit Proviant für dreißig Tage und tauschten unsere Bücher und Kassetten gegen neue ein. Auch taten wir unser Bestes, um das Problem der undichten Beinlinge zu lösen. Gertie Brown, die Frau des Schuldirektors, war uns als beste Schneiderin am Ort empfohlen worden, und an sie wandten wir uns um Hilfe. Sie nähte röhrenartige Nylon-Überzüge für unsere undichten Stiefel. Wir tränkten sie tüchtig mit Silicon und konnten ansonsten nur hoffen, daß sie unsere Füße trockenhalten würden. Jackie Radley, eine muntere junge Frau aus Manitoba und die Animateurin des Städtchens, stellte uns ihr Haus während ihrer Arbeitszeit zur Verfügung, damit wir unsere Ausrüstung in aller Bequemlichkeit überholen konnten.

In Gjoa erfuhren wir außerdem zum erstenmal von David Cowper, einem Weltumsegler, der die Nordwestpassage in Ost-West-Richtung bezwingen wollte. Es hieß, er hätte Schwierigkeiten und säße irgendwo in Höhe der Creswell Bay im Eis fest, rund 400 km weiter nördlich.

Am 22. August abends segelten wir eine reparierte und hervorragend getrimmte Perception aus dem Hafen von Gjoa und in die Rae-Straße hinaus – mit geblähtem Spinnaker und Steven, die wie Messer durch fast eisfreies Wasser schnitten. Ich fragte mich nur, ob Mike den vor uns liegenden seglerischen Anforderungen gewachsen sein würde. Oder ich selber.

Als wir drei Stunden später für die Nacht an Land gingen, hatte sich entlang der Küste eine dünne Eisschicht von etwa 30 m Breite gebildet. In einem Hagel klirrender Splitter durchbrachen wir diese Haut und segelten vierkant auf den Sandstrand am Mathewson

Point. Unter einem klaren Sternenhimmel schliefen wir nur in unseren Biwacksäcken, damit wir am nächsten Morgen gleich früh starten konnten.

In den nächsten drei Tagen arbeiteten wir uns um die westliche Ecke der King-William-Insel, quer über die Rae-Straße und dann nordwärts durch die Spence Bay zur Boothia-Halbinsel. Der Wind blieb sehr leicht, und wir mußten oft paddeln, was uns anödete, wofür uns aber der faszinierende Anblick der Felsen, der Unterwasserpflanzen, der Quallen und anderen Lebewesen entschädigte, über die unser Katamaran hinwegglitt. Eines Abends überholten uns zwei Inuit in einem Motorboot aus Aluminium. Sie hatten gerade eine junge, vielleicht 30 kg schwere Robbe erlegt, die kopfunter über dem Heckspiegel hing. Aus ihrer Nase tropfte Blut. Etwas später fuhren wir durch einen schlierigen, braunen Ölfilm, ein widerliches Gefühl, und auf der kleinen Insel, wo wir übernachteten, durften wir uns am Anblick von Zivilisationsmüll weiden, darunter auch eine zerknautschte Cola-Dose.

Am Abend des 25.August kam wieder Wind auf, ein steifer Ost, von dem wir uns erhofften, daß er das Eis aus dem vor uns liegenden Larsen Sound und aus der Franklin-Straße vertreiben würde. Als wir das Zelt an unserem Lagerplatz nahe der Oscar Bay errichtet hatten, ging Mike auf Erkundung, während ich Wasser fürs Abendessen erhitzte. Binnen weniger Minuten war er wieder da, ein Blatt Papier in der Hand. Darauf stand sinngemäß:

20. Mai 1952: Patrouille der kanadischen berittenen Polizei, aufgebrochen von Spence Bay am vergangenen 18. Mai nach Kap Adelaide oder Kap Ross, auf der Suche nach Spuren der Franklinexpedition von 1845. Kein Hundefutter mehr. Seit Abmarsch nur stürmisches Wetter. Heute Ruhetag für die Hunde. Der Eingeborene Barney Equalla fungiert als Führer.

Die Konstabler Sergent & Hering.

(Gez.) 14698 J.M. Hering, Konstabler.

Bevor wir den Zettel in die Steinpyramide zurücklegten, in der Mike ihn gefunden hatten, setzten wir unsere Namen, das Datum und einen Gruß für die nächsten Forscher dazu, die das bisher ungeöffnete Fläschchen finden würden.

Es war eine anschauliche Erinnerung an die Zeit, in der Kanada hauptsächlich mit Patrouillen der Royal Canadian Mounted Police (RCMP) seinen Souveränitätsanspruch auf die Arktis aufrechterhalten hatte. Nur ein oder zwei Segeltage nördlich von uns lag die Pasley Bay, der Winterhafen des kleinen, von Sergeant Henry Larsen geführten RCMP-Schiffes St. Roch, das in den Anfangsjahren des Ersten Weltkriegs die Nordwestpassage in beiden Richtungen durchfahren und damit Kanadas Flagge an ihren beiden Eingängen fest aufgepflanzt hatte. Während das Schiff im Winter 1940-41 im Eis festsaß, hatte sich seine Besatzung mit einer Volkszählung der dortigen Inuit beschäftigt, ein für sie ungewohnt bürokratischer Zeitvertreib. Dazu gehörte auch, daß sie jedem Eskimo eine kleine Erkennungsmarke aus Metall um den Hals hängten, die ein Kombination aus Buchstaben und Zahlen trug. In einem Kodebuch vermerkten die Volkszähler sorgfältig die Namen aller Inuit hinter ihren Erkennungsnummern.

Der Wind war über Nacht so stark geworden, daß er uns fast den ganzen Tag an Land festhielt. Ich saß im Windschutz eines großen Felsens, in ein Buch vertieft, als Mike mich aufschreckte, indem er mir einen Menschenschädel zuwarf. Bei einem Erkundungsgang hatte er alte Feuerstellen gefunden, mit verkohlten Knochen und diesem uralten Schädel darin, der auf einer Seite eingeschlagen war: alles zusammen ein Beweis für den Kannibalismus in dieser Gegend. Der Schädel mochte durchaus von historischer Bedeutung sein, aber wie alle der Natur ausgelieferten Segler waren wir abergläubisch und schreckten davor zurück, den Totenkopf an Bord mitzunehmen.

Als wir wieder lossegeln konnten, begann es zu schneien – zum erstenmal auf dieser Etappe. Das brachte mir drastisch die beunruhigende Tatsache in Erinnerung, daß die St. Roch in der Pasley Bay am 6. September für den ganzen Winter festgefroren war und uns nur zehn Tage von diesem Datum trennten. Dabei lagen noch 2100 km bis zum Ostausgang der Nordwestpassage vor uns.

Ein kleines Flugzeug kreiste über uns, und wir sprachen es per Funk an. Es war John Bockstoce von der Belvedere, der in einer Chartermaschine die Eislage erkundete. Sein Boot lag immer noch in Cambridge Bay. John bestätigte, daß David Cowper in der Creswell Bay festsaß und wahrscheinlich in dieser Saison nicht mehr freikommen würde, und daß VAGABOND II nun in der Spence Bay lag, weit südlich von uns.

John gab uns auch einen Bericht über die Eisverhältnisse, der ermutigend klang, obwohl wir beide wußten, daß schon ein Umspringen des Windes die Situation total ändern konnte. Das nahe Kap Alexander nördlich von uns war völlig eisfrei, berichtete er, und auch weiter im Norden, bei den Tasmania Islands, gab es relativ viel offenes Wasser. Aber die Bellot-Straße war verstopft, und eine Menge mehrjähriges Eis blockierte die Ostküste von Somerset Island. Er riet uns dringend, weiter in nördlicher Richtung den Peel Sound hinauf zu segeln, statt es mit der Abkürzung durch die Bellot-Straße und den Prince-Regent-Fjord zu versuchen. Auch er selbst wollte mit BELVEDERE lieber durch den Peel Sound gehen. Obwohl wir uns 100 km ersparen konnten, wenn wir wie die ST. ROCH die Route durch die Bellot-Straße wählten, sprach doch vieles dafür, daß wir uns dort hoffnungslos im Eis festrennen würden. Natürlich waren das alles höchst wertvolle Informationen für uns, und wir fühlten uns John zu großem Dank verpflichtet, daß er sie so großzügig weitergab.

Abends scheuchte uns Nebel an Land, und wir schlugen bei völliger Dunkelheit unser Lager auf. Erst mehrere Minuten nach dem Landen erkannten wir, daß das Boot, die Segel, das Rigg, einfach alles mit einer Eisschicht bedeckt war. Als wir uns am nächsten Tag durch drei Zehntel Eisbedeckung zur Pasley Bay und quer darüber kämpften, fiel wieder Schnee. Doch der frische Südost brachte uns schnell voran. Die niedrigen Felsenhügel der Küste zu unserer Rechten blieben allerdings fast die ganze Zeit nebelverhüllt.

Während wir mit einem Reff im Groß durch den klamottengespickten Kanal östlich der Tasmania-Inseln preschten, sahen wir binnen eineinhalb Stunden fünf Eisbären. Dann merkten wir, daß der Wind zu stark für uns wurde und wir gleich hinter ihrer Ecke kampieren mußten. Als wir nach einem geeigneten Platz für unser Zelt suchten, stolperten wir über eine tote Robbe, die von hungrigen Bären bis aufs Skelett abgenagt worden war. Entsprechend unruhig schliefen wir, und mich suchten im Traum reißende Bestien heim. Morgens stellten wir fest, daß über Nacht fünf Zentimeter Schnee gefallen, wir aber sonst intakt waren.

Es wehte ein frischer Wind aus günstiger Richtung, als mein Wecker mich um 04.00 Uhr hochscheuchte, aber wir hatten so tiefe Ebbe, daß alles Eis, das uns den Weg in offenes Wasser versperrte, auf Grund saß; die gestrandeten Schollen türmten sich in allen möglichen Winkeln wild übereinander. Mir steckte noch die Erschöpfung vom Vortag in den Knochen, deshalb kroch ich wieder in meinen warmen Schlafsack und schlug Mike vor, noch zwei Stunden zu warten, bis die Flut die Schollen wieder aufschwimmen lassen würde. Er hatte nichts dagegen.

Aber um 06.00 Uhr sah der Eisverhau noch schlimmer aus. Ich hätte mich jetzt am liebsten dafür geohrfeigt, daß ich unseren Start verschoben hatte, denn das kostete uns nun zwei Stunden bei guten Segelbedingungen draußen. Wir kauten kalte Getreideflocken und Trockenobst, während wir hastig das Lager abbrachen. Bald hatten wir das Boot soweit, daß es über den Strand und den Eis-Stau gezogen werden konnte, der unsere kleine Bucht füllte, aber die nächste Stunde war eine einzige Qual. Perceptions Rümpfe wurden erbarmungslos malträtiert, als wir sie über die Kanten und Buckel zerrten, und alle paar Schritte brachen Mike und ich durch die Schollen ins eiskalte Wasser. Obwohl uns die Trockenanzüge vor dem Schlimmsten bewahrten, war es eine scheußliche Tortur, die uns völlig aushöhlte. Der Vormittag war halb vorbei, als wir das Küsteneis endlich überwunden hatten und Perception in relativ freies Wasser glitt. Wir setzten Groß und Fock und segelten nach Norden, auf den hoffentlich offenen Peel Sound zu.

Aber der Weg dorthin war uns versperrt. Während wir schliefen, hatte der Wind anscheinend die Tür zugeschlagen. Widerstrebend wendete ich Perception und segelte deprimiert das kurze Stück zur nördlichsten Tasmania-Insel zurück. Dort erklommen wir die Schotterhänge der hohen Steilküste, um uns die nächste Wegstrecke von oben anzusehen. Im Fernglas erkannten wir, daß sich das Eis lediglich als schmales Band quer über die Franklin-Straße zog und daß dahinter relativ offenes Wasser lag, nur zu drei bis vier Zehntel von Eis bedeckt.

Eine halbe Stunde später hievten wir PERCEPTION auf diese Barriere, voller Zuversicht, daß wir das Wasser dahinter noch bei günstigem Wind erreichen konnten. Vor uns lag das größte Abenteuer unseres Lebens.

9. KAPITEL

„Nichts konnte uns mehr retten. Ich habe mich niemals dem Tode näher gefühlt als in diesem Augenblick.“

Mike bemerkte ihn zuerst, als wir eine Atempause machten – den Schwarm Eismöwen, der auf dem Eis zu unserer Linken einen blutigen Robbenkadaver attackierte. Während wir uns, von Platte zu Platte springend, der Stelle näherten, sahen wir immer deutlicher, daß die Robbe erst vor kurzem geschlagen worden war. Die blutige Fährte verriet: Hier hatte eine Bärin ihr Junges gefüttert. Wir hatten nichts davon gesehen oder gehört, mußten die Tiere aber durch unser Näherkommen verjagt haben. Gedärm hing über den Schollenrand, als hätte die Bärin vor dem Abtauchen noch schnell einen Fang voll ins Wasser mitgenommen. Ringsum war alles voll Blut. Mike kniete sich vor den dampfenden Kadaver hin, griff in seine Bauchhöhle und zog ein fertig ausgebildetes Robbenbaby heraus – tot; er legte es in den Schnee. Mich schauderte, und ich warf einen Blick über die Schulter.

Mit neuem Respekt vor der Kraft und Lautlosigkeit der Eisbären kehrten wir zu unserem Boot zurück, und ich rekapitulierte insgeheim die Taktik, die wir uns ausgedacht hatten, um mit einer Bärenattake fertig zu werden. Nach einem alten Trapperspruch wehrt man einen Eisbär oder Grizzly am besten ab, indem man den eigenen Partner erschießt und dann um sein Leben rennt. Wir aber hatten eine verfeinerte Methode ausgearbeitet: Als erstes wollten wir in unser kleines Nebelhorn stoßen und hoffen, daß sein lauter Ton den Bär verscheuchen würde. Verteidigungswaffe Nr.2 waren spezielle Handfackeln, die wie Seenotfackeln Feuer sprühten, aber mit mächtigem Knall losgingen. Für den äußersten Notfall besaßen wir schließlich unsere nickelbeschlagene, großkalibrige Schrotflinte. In ihr Magazin paßten sieben Patronen, die wir nach einem ausgeklügelten System geladen hatten, von abschreckend bis tödlich. Als erstes kam ein Gummibolzen, wie von der Polizei manchmal gegen Randalierer eingesetzt, dann folgte Vogelschrot, der nur auf kürzeste Distanz ernsthaften Schaden anrichten konnte. Den Schluß machten fünf Gewehrpatronen mit genug Durchschlagskraft, um den Ansturm jedes unbelehrbaren Bären zu bremsen – jedenfalls hofften wir das.

Bald hatten wir das Eisband überquert und segelten weiter, jetzt vor einem Südwest, der ständig zulegte. Ich kurvte im Slalom durch das Eis, das sich abwechselnd um uns öffnete und schloß. So bewältigten wir schnell die ganze Strecke bis Kap Hobson und überquerten danach die Wrottesley Bay, wobei wir uns so dicht an die Küste der Boothia-Halbinsel hielten, wie es das Eis zuließ. Die Wellen wurden höher und steiler, waren aber noch leicht zu nehmen. Immer weiter segelten wir, um bei diesen fast idealen Bedingungen keine Minute zu vergeuden.

Um 16.00 Uhr versperrte uns wieder eine anscheinend undurchdringliche weiße Barriere den Weg. Wir erkundeten sie zu Fuß und fanden nach einigen Minuten eine Bahn relativ glatten Eises, von der eine Wasserrinne nach Norden führte. Schnell segelten wir hinüber und ließen PERCEPTION von dem achterlichen Wind vierkant aufs Eis schieben. Bald konnten wir sie wieder zu Wasser bringen und kamen in dem immer breiter werdenden Kanal zwei Stunden lang prächtig voran; dann ließ der Wind nach. Prompt setzten wir denSpi und begannen wieder gute Fahrt zu machen, bis wir mit bretthartem Groß und brummenden Ruderblättern in den Peel Sound hinaus rauschten.

Bei Einbruch der Nacht legte der Wind so stark zu, daß der Kat unter voller Besegelung nicht mehr zu beherrschen war. Außerdem fühlte ich mich nach vierzehn Stunden fast ununterbrochenen Segelns allmählich total ausgepumpt. Wir mußten Feierabend machen, aber ein geeigneter Lagerplatz war am Ufer nur schwer zu finden, weil ein breiter Eisgürtel die ganze Ostseite des Peel Sound blockierte. Deshalb beschlossen wir, lieber auf dem Felseninselchen Barth zu landen, das laut Karte nur wenige Kilometer in der Düsternis vor uns lag. Es wurde Mitternacht, bis wir unser Zelt an einer relativ ebenen Stelle der steinigen Inselküste aufschlagen konnten.

Meine Uhr weckte uns um 06.00, und wir erhoben uns steif und noch müde, aber scharf darauf, das herrliche Segelwetter bis zur Neige auszukosten. Nach zwei Stunden waren wir auf dem Wasser und setzten bei zunehmendem Südwest wieder unseren Spinnaker. Dieser Morgen schenkte uns das wahrscheinlich aufregendste Segeln, das wir bisher erlebt hatten: Bei raumem Wind surften wir, den Kat in Luv ausreitend und stabilisierend, auf den Rücken der Seen zwischen den Eisbrocken hindurch, die unseren Kurs sprenkelten.

Zu Mittag hielten wir kurz an einer großen Scholle, um einen hastigen Lunch zu verzehren, aber als wir wieder in Fahrt kamen, hatten sich die Verhältnisse dramatisch verschlechtert. Drohend hing der Himmel wie ein graues Leichentuch tief über unseren Köpfen, und der Wind peitschte uns winzige scharfe Schneekristalle ins Gesicht. Hoher Seegang hatte sich aufgebaut und verlangte mir das äußerste an Konzentration ab, wenn wir nicht kentern wollten. Es wurde allmählich kritisch.

Als PERCEPTION den Kamm einer See überkletterte und gerade zu

Tal schießen wollte, erwischte uns eine überraschende Bö und rammte die Vorschiffe bis zur vorderen Traverse in die nächste Welle. Mike und ich wären über Bord katapultiert worden, hätten wir uns nicht eisern festgeklammert. Gründlich ernüchtert halste ich und hielt mehr auf die Küste zu.

Die Seen wurden immer höher, und bald begann der Wind, eisige Gischt von ihren Kämmen zu reißen. Nachdem sich der Kat noch mehrmals in solch einen Steilhang aus Wasser gebohrt hatte, begriff ich, daß wir schleunigst von hier draußen verschwinden mußten. Unter diesen Umständen war das Segeln zu gefährlich. Ich suchte die größte Scholle weit und breit aus, und wir zogen das Boot aufs Eis.

Wir schlugen das Großsegel ab und benutzten es als Windschutz, während wir uns zwischen den Vorschiffen auf dem Eis zusammenrollten. Bei soviel segelbarem Wasser voraus paßte mir der Aufenthalt gar nicht, doch wir brauchten dringend eine Ruhepause. Es war zwar erholsam, dem Wind und der Gischt zu entkommen, weil wir uns aber nicht mehr bewegten, begann die Kälte in unsere Knochen zu kriechen. Als ich mich schließlich wieder aufrappelte und unter dem Segel hervorrobbte, waren meine Füße gefühllose Stümpfe. Ich mußte eine Weile auf der Scholle herumspringen, bis das Blut wieder zu zirkulieren begann. Im Windschutz des Großsegels warfen wir unseren winzigen Kocher an und erhitzten dehydrierte Spaghetti, unsere erste warme Mahlzeit seit zwei Tagen.

Derart gestärkt, redeten wir uns ein, daß sich das Wetter leicht gebessert hätte, und schoben PERCEPTION gegen 16.00 Uhr wieder in die weiß marmorierte See hinaus. Die Sicht war so schlecht, daß wir unseres Standorts nicht sicher sein konnten; wir wußten nur, daß wir die Bellot Strait passiert und Somerset Island irgendwo an Steuerbord querab hatten. Gelegentlich stießen wir auf den Eiswall an seiner Küste und hielten dann schnell wieder auf See hinaus. Der Wind hatte auf Südsüdwest gedreht und wurde immer stärker, sodaß wir schließlich die Fock wegnehmen mußten. Mike hockte sich aufs Trampolin dicht beim Mast und zog an ihrer Reffleine, bis sie eingerollt war. Nur unter Großsegel brausten wir weiter, während der heulende Wind uns ein stechendes Gemisch aus Schnee und Gischt ins Gesicht peitschte und das Boot kaum noch unter Kontrolle war.

Aus dem Schneegestöber tauchte vor uns eine Eisbarriere auf, die sich über den ganzen Sund erstreckte. Ohne wesentlich langsamer zu werden, segelte ich in die erste Lücke, die sich darin auftat. Sie war mit scharfem Brucheis gefüllt, durch das wir PERCEPTION knüppelten, bis wir auf der anderen Seite wieder ins Freie schossen. Danach hielt ich auf die Küste von Somerset zu und wandte mich, als wir ihren Eisgürtel erreicht hatten, wieder nach Norden. So flogen wir vor dem Wind dahin, stets in der Hoffnung auf einen Zugang zum sicheren Land. Wir waren irgendwo bei Kap Granite, aber das Eis drängte uns immer wieder in den Sund hinaus.

Weil wir keinen Weg durch das 10 km breite Küsteneis fanden und das Wetter sich ständig verschlechterte, gerieten wir allmählich in eine verzweifelte Lage. Das Heulen des Sturms überschreiend, besprachen wir uns kurz und beschlossen, die relative Sicherheit einer großen Scholle im Küsteneis zu suchen.

Vor uns konnten wir undeutlich etwas erkennen, das wie ein geeigneter Kandidat aussah: ein dickes Floß aus mehrjährigem Eis, von der Größe eines Hockeyfeldes. Als wir näherkamen, rief Mike mir über die Schulter zu: „Dieses Baby wird sich noch ein paar Winter hier herumtreiben!“ Und wirklich sah die Scholle stabil und zuverlässig aus, deshalb zogen wir PERCEPTION hinauf und rangen das Großsegel nieder, das sich im Sturm offenbar zu Tode killen wollte. Es war ungefähr 18.45 Uhr.

Der beste Platz für unser Zelt war in Lee einer meterhohen Bruchkante mitten auf dem Eis. Denn bei dem Sturm konnten wir es nicht riskieren, wie sonst hier draußen auf dem Trampolin zu zelten. Wir zogen das Boot bis zu der weißen Wand und begannen unseren kleinen Nylonhügel aufzubauen, den uns der Wind dauernd zu entreißen suchte. Wir hatten das Gerüst zusammengesteckt und wollten gerade das Innenzelt anknöpfen, als uns eine besonders starke Bö das Gewebe aus den tauben Fingern riß. Einen Herzschlag lang sah ich gelähmt zu, wie unser einziger Schutz über das Eis rollte, dem Wasser entgegen. Aber Mike stürzte ihm nach und bekam wie durch ein Wunder eine Ecke zu fassen.

Schließlich hatten wir das Zelt aufgebaut, mit dem Großsegel als Unterlage, damit das Eis nicht so schnell schmolz, und mit einem Großteil unserer Ausrüstung als Ballast, damit der Sturm es nicht abermals entführte. Zuletzt sammelten wir so viele Eisstücke, wie wir finden konnten, und vergrößerten unseren Windschutz.

Es wurde fast 21.00 Uhr, bis wir uns wieder als Herren der Lage fühlen und ins Zelt kriechen konnten, um auf das Abklingen des Sturms zu warten. Ich legte eine Kassette in meinen Walkman, und mit der Stimme von Whitney Houston in dem winzigen Kopfhörer, die das Stöhnen und Knirschen des Eises übertönte, begann ich, mein Tagebuch auf den neuesten Stand zu bringen. Bald hing gemütlicher Petroleumgeruch in der Luft, denn Mike hatte die Sturmlaterne angezündet und versuchte jetzt, unseren Kocher anzuwerfen. Die Aussicht auf eine warme Mahlzeit machte unsere Situation schon viel freundlicher.

Ich hatte zweieinhalb Seiten geschrieben und war tief in Gedanken, als ich wie von fern Mikes Stimme hörte: „Jeff, das Eis bricht auf!"

Verdattert blickte ich hoch und dachte, er hätte einen Scherz gemacht.

„Schau doch selber! Direkt vor dem Zelt ist ein Riß!"

Ich ließ mein Notizbuch fallen, schlüpfte in die Stiefel und folgte Mike nach draußen. Im Schneegestöber erkannte ich zu meinem Entsetzen, daß unsere große Scholle in mehrere kleine Teile zerbrochen war, die unabhängig voneinander im Schwell schwankten und langsam auseinanderdrifteten. Als ich mich umdrehte, stand die Rückwand unseres Zelts schon im Wasser.

Wenn wir jetzt nicht blitzschnell handelten, verloren wir den Großteil unserer lebenswichtigen Ausrüstung. In wahnsinniger Eile riß ich aus dem Zelt, was ich greifen konnte, und warf es Mike draußen zu, der alles in wasserdichte Säcke stopfte und so schnell wie möglich an Bord verstaute.

Der Wind heulte jetzt mit 70 km/h übers Eis und trieb den Schnee fast waagrecht vor sich her. Gemeinsam hoben wir das bockende Zelt aus dem steigenden Wasser, bugsierten es hinüber zum Boot und aufs Trampolin. Während Mike mit den vereisten

Leinen kämpfte, um es dort festzulaschen, warf ich soviel Ausrüstung wie möglich als Ballast zurück ins Innere, damit es uns nicht davonflog. Es klappte. Zelt und Gerät schienen in Sicherheit zu sein, jedenfalls für den Moment.

Aber was sollten wir als nächstes tun? Wir hatten keine Ahnung, wie weit wir von Land entfernt waren. Dunkelheit, Nebel und Schneetreiben nahmen uns jede Sicht. Noch schlimmer: Die winzige Scholle, auf der wir standen, war schon überspült und trieb langsam, aber sicher in den offenen Sund hinaus, wo der Sturm mit voller Kraft wütete und wir unmöglich überleben konnten.

Im ersten Schreck wollten wir PERCEPTION auf eines der größeren Bruchstücke unserer vormals so vertrauenerweckenden Scholle verholen. Aber eine kurze Erkundung verriet, daß keines davon groß genug war, um uns auch nur vorübergehend Sicherheit zu bieten. Unsere einzige Chance war, das Boot so tief wie möglich ins Packeis zu manövrieren und uns darauf zu verlassen, daß die Schollen ringsum ein Abtreiben nach draußen verhinderten und gleichzeitig die größte Wut des Sturms bremsten.

Aber wir mußten uns beeilen, bevor die Lücken, die sich überall auftaten, so breit wurden, daß wir sie nicht mehr überspringen konnten. Zuerst mußten wir das Zelt niederlegen und über dem Gerät festbinden, damit es vom Wind nicht zerfetzt wurde. Als das geschafft war, machten wir eine kurze Atempause und stopften eine Handvoll Kraftnahrung in uns hinein, dann begannen wir mit der fast übermenschlichen Arbeit, PERCEPTION über die schwankenden Eispfannen und durch das blendende Schneetreiben zu zerren.

In diesem Augenblick begriff ich, daß wir genau in jener aller denkbar schlimmsten Situationen steckten, die wir uns mit meinem Vater vor Monaten ausgemalt hatten: vom Sturm seewärts getrieben zu werden, ohne die Möglichkeit einer Rückkehr. Wir stimmten darin überein, daß diese Lage um jeden Preis vermieden werden mußte, weil die Konsequenzen wahrscheinlich tödlich waren.

Wir zählten bis drei, dann schoben Mike und ich das Boot an der Stelle in offenes Wasser, wo vorhin noch unser Zelt gestanden hatte, und zogen es anschließend auf die Nachbarscholle hinauf. Die nächsten zwei Stunden waren ein einziges verzweifeltes Schieben, Ziehen, Hieven, Fluchen und Beschwören, während wir uns übers Eis und durch immer breitere Wasserrinnen quälten. Aber während wir so im Schneckentempo auf das ferne, unsichtbare Land zukrochen, griff der wütende Sturm immer tiefer ins Packeis und schob es langsam weiter hinaus in den Sund: ein wahr gewordener Alptraum.

Schließlich, schon weit nach Mitternacht, konnten wir nicht mehr. Der Sturm schien etwas nachzulassen, und wir befanden uns jetzt mindestens 2 km innerhalb des Küsteneises. Total ausgepumpt zogen wir PERCEPTION auf die größte Scholle, die wir finden konnten. Sie maß zwar nur 10 mal 15 m, aber so weit drin im Packeis schien sie uns halbwegs sicher zu sein; außerdem brauchten wir dringend eine Ruhepause. Wir richteten das Zelt auf dem Trampolin wieder auf und krochen hinein. Meine Weckuhr stellte ich auf 03.30 Uhr und steckte sie in die Mütze, aber diese Vorsichtsmaßnahme hätte ich mir sparen können. Schlafen konnte ich sowieso nicht. Lange vor dem Morgengrauen kroch ich hinaus und studierte das Eis. Der Wind war immer noch stark, erreichte aber nur mehr Beaufort 7 – etwa 60 km/h –, und die Schollen ringsum schienen zu halten. Ich krabbelte wieder in meinen nassen Schlafsack und konnte endlich entspannen, vergaß in der halben Bewußtlosigkeit des Tiefschlafs meine Umgebung für zwei gnädige Stunden.

Gegen 06.00 Uhr weckte eine Veränderung im Geräuschpegel sowohl Mike wie mich: Der Wind hatte wieder zugelegt und fiel in den Böen mit solcher Gewalt über uns her, daß wir befürchteten, PERCEPTION könne von ihrer Scholle rutschen. Ein Blick hinaus ins Schneegestöber ließ mein Herz fast aussetzen. Das Boot war zwar im Augenblick nicht gefährdet, aber das Packeis ringsum begann aufzubrechen und zu treiben; wir blieben zunehmend ungeschützt auf unserem weißen Floß zurück. Und immer noch weit und breit kein Land in Sicht.

In der nächsten Stunde nahm der Wind weiter zu, bis er volle Sturmstärke erreicht hatte. Unsere Lage verschlechterte sich rapide. Erschöpft und voller Angst krochen wir in den Schnee hinaus. Ich holte ein Paddel zurück, das vom Trampolin geweht worden war, und verkeilte es als Bremsklotz unter einem Rumpf. Aber noch während ich das tat, rutschte PERCEPTION ein ganzes Stück weg. Sie glitt von der Scholle!

Ich schrie Mike eine Warnung zu, und er begann wieder, Ausrüstung in unsere wasserdichten Säcke zu werfen, während ich das Boot festhielt. Inzwischen leckten schon kleine Wellen an seinen Kielen, weil sich das Eis immer mehr zersetzte. Mit dem Schlimmsten rechnend, zwängten wir uns in die Überlebensanzüge, steckten unsere Notrationen hinein und klemmten die zusammengelegten Schwimmsitze unter unsere Gürtel. Dann laschten wir an Bord alles fest. Dabei hatte ich das unheimliche Gefühl, daß das Ganze nur als Film vor mir ablief, daß ich eines anderen Alptraum erlebte, der gleich mit einer Katastrophe enden würde – kurz, daß jemand, aber nicht ich, jetzt den höchsten Preis für die Vermessenheit bezahlen mußte, mit der er die Natur herausgefordert hatte.

In einem von Adrenalin induzierten Geistesblitz erinnerte ich mich an eine Unterhaltung, die ich 1986 in Calgary mit Pete Jesse geführt hatte, dem Eisexperten der Firma Jessco. Es war ein langes Gespräch gewesen, und ein Detail daraus bekam nun für mich entscheidende Bedeutung.

„Du solltest ein paar Eisnägel mitnehmen“, hatte Pete mir geraten. „Sie wiegen fast nichts und kommen dir irgendwann bestimmt sehr gelegen.“

Obwohl etwas skeptisch, war ich dennoch seinem Rat gefolgt. Deshalb hatten im letzten Sommer und auch diesmal zwei acht Zoll lange Stahlnägel, wie sie Bergsteiger verwenden, um daran ihr Seil im Eis zu befestigen, in der Steuerbordbilge die Reise mitgemacht.

Hastig griff ich durch die wasserdichte Zugangsluke im rechten Rumpf und kramte sie heraus. Binnen weniger Minuten hatten wir sie ins Eis geschlagen und PERCEPTION daran festgemacht. Damit war sie für den Augenblick außer Gefahr.

Immer noch vor Anstrengung zitternd, konnten Mike und ich nun die Möglichkeiten erwägen, die uns offenstanden.

Bei diesem Wetter segeln zu wollen, wäre Selbstmord gewesen. Aber wir konnten das Boot auch nicht mehr wie letzte Nacht von Scholle zu Scholle zerren, dazu war das Packeis jetzt viel zu aufgelockert. Außerdem wußten wir nicht, in welcher Richtung Land lag oder wie weit wir inzwischen gedriftet waren. An Ort und Stelle zu bleiben, kam ebenfalls nicht in Frage. Die Seen brachen schon über unser Eisinselchen, und das Wasser stieg immer noch. Also mußten wir segeln, und sei es nur zu einer größeren und stabileren Scholle, auf die wir uns flüchten konnten, bis der Sturm sich ausgetobt hatte.

Mit den steifgefrorenen, vereisten Leinen kämpfend, refften wir das Groß fast herunter und zogen vorsichtig an seinem Fall. Sofort begann das Segel wild zu schlagen; es riß den Mast mit solcher Gewalt hin und her, daß mir schien, er müsse im nächsten Moment brechen.

Den ohrenbetäubenden Lärm von Eis, Wind, Wellen und das wie Maschinengewehrfeuer knatternde Rigg überbrüllend, warnte ich Mike: „Das Segel reißt! Wir müssen es wieder bergen." Stumm sahen wir uns an. Das war unsere letzte Chance gewesen.

Wir laschten das Großsegel eng an den Baum und klammerten uns hilflos an PERCEPTION fest, während die Seen mit unserem kleinen weißen Floß Fangball spielten. Ich suchte unsere Notfunkboje heraus und montierte ihre Antenne, obgleich Mike und ich wußten, wie sinnlos es war, in dieser Einöde ein Ansteuerungssignal auszustrahlen. Keine Maschine vermochte sich bei diesem Wetter in der Luft halten – nichts konnte uns mehr retten. Niemals im Leben hatte ich mich dem Tode näher gefühlt als in diesen Minuten.

Dann kam der Schrei, kaum hörbar im Kreischen des Sturms: „Land!"

Ich blickte in die Richtung, die Mikes ausgestreckter Arm wies, und da lag, kaum zu erkennen durch Schnee und Gischt, ein verschwommener dunkler Schatten. Wir wurden schnell darauf zu getrieben. Das mußte die Pressure-Spitze sein, die da vor uns in den Sund hinausragte. Mir kam es vor wie ein Wunder.

Mit jeder Minute hob sich die gezackte Silhouette deutlicher ab. Ich betete inbrünstig, daß unsere Scholle nicht auseinanderbrechen würde, ehe wir das kompakte Eis an ihrem Fuß erreicht hatten; und daß die Nägel PERCEPTION so lange festhalten konnten.

Brecher überfluteten unser Eisfloß, während es zu den Kämmen der haushohen Seen emporgehoben wurde und auf der anderen Seite wieder zu Tal taumelte. Es wurde schnell kleiner, schmolz uns förmlich unter den Füßen weg. Wir lockerten die Eisnägel und drehten PERCEPTIONS Nase in den kreischenden Sturm, um den Winddruck auf ihre Festmacher zu mildern. Aber dann drehte sich auch die Scholle, wir mußten das Manöver wiederholen und mit Fingern, so steif wie Holzscheite, die festgefrorenen Knoten der vereisten Leinen lösen und neu knüpfen – immer und immer wieder.

Langsam, Meter um Meter, wurden wir in die Ashton Bay getrieben, bis wir endlich in ihr Küsteneis krachten. Ich warf einen Blick auf mein Handgelenk: Es war 11.15 Uhr. Während wir unbeweglich dahockten, zu abgestumpft für jede Reaktion, begann sich das Eis hinter uns kontinuierlich zu stauen und eine zusammenhängende Fläche zu bilden, die sich unaufhörlich hob und senkte, als atme darunter der Bauch eines gewaltigen grauen Seeungeheuers.

10. KAPITEL

„Es war ein Jahr, in dem es in der Arktis niemals richtig Sommer wurde."

Noch konnten wir uns nicht ausruhen, denn wir mußten erst 2 km mahlendes Eis überqueren, ehe wir an Land in Sicherheit sein würden. Kein schöner Job, aber wenigstens war ein Ende unserer Qualen abzusehen. Ich wühlte in den Seesäcken, bis ich zwei Rationen Schokolade und Trockenobst fand, die wir gierig verschlangen. Dann banden wir PERCEPTION los und begannen zu schieben, dankbar für die Unterstützung durch starken Rückenwind.

Am späteren Nachmittag zogen wir, während der Sturm mit unverminderter Wut übers Eis heulte, PERCEPTION am Scheitel der Ashton Bay auf festes Land. Schwach vor Erschöpfung und zitternd vor Erleichterung, brachen wir in die Knie und küßten den schneebedeckten Boden. Wie herrlich, noch am Leben zu sein!

Nun, da wir uns kaum mehr bewegten, begann die Kälte uns schwer zuzusetzen. So schnell es ging, bauten wir das Zelt auf und errichteten dahinter einen brusthohen Windschutz aus Schneeziegeln. Als wir das Nötigste aus dem Boot luden, riß mir der Sturm eine Seekarte aus der Hand und wehte sie davon. Ich stolperte bergauf hinter ihr her – vergeblich, sie war für immer verloren. Zu jeder anderen Zeit wäre mir ihr Verlust wie eine Katastrophe vorgekommen, jetzt aber verschwendete ich kaum einen zweiten Gedanken daran. Was allein zählte war, daß wir überlebt hatten. Mike suchte seine Cognacflasche heraus und bot sie mir an. Dankbar nahm ich einen belebenden Schluck und schuftete weiter.

Da der Sturm immer noch wütete, verbrachten wir einen Teil des nächsten Tages damit, die Schneemauer um unser Heim zu erhöhen und abzustützen. Im Zeltinneren trockneten, säuberten und sortierten wir unsere Ausrüstung, die wir am Vortag unter Zeitdruck nur schlampig verstaut hatten. Danach schrieb ich fast den ganzen Nachmittag an meinem Tagebuch.

Mike gestand mir, daß er sich tags zuvor verzweifelt gewünscht hatte, seinen Eltern einen kurzen Brief hinterlassen zu können. Darin wollte er sie mit der Versicherung trösten, daß er, falls es tatsächlich mit ihm zu Ende ging, bei der Tätigkeit gestorben war, die er am meisten liebte: dem Erforschen der Arktis. Seine bewegenden Worte riefen mir erneut ins Bewußtsein, wie knapp wir mit dem Leben davongekommen waren.

Daß wir den schier endlosen Schrecken des Sturms gemeinsam abgewettert hatten, brachte Mike und mich einander näher. Von nun an stellte ich sein Engagement für die Expedition nicht mehr in Frage. Und mir schien, er seinerseits zweifelte nie wieder daran, daß ich sie zu führen vermochte.

Am nächsten Morgen, dem 1. September, erwachte ich um 06.00 Uhr, rechtzeitig für unsere übliche Standortmeldung per Funk; ich kam aber weder zur Resolute noch zur Cambridge Bay durch. Das Wetter war immer noch schlecht, also beschlossen wir, einen weiteren Ruhetag einzulegen. Um 18.30 Uhr aßen wir eine heiße Mahlzeit und lagen schon um 21.00 Uhr im Schutz unseres Schneewalls bequem in den warmen Schlafsäcken.

Leichter Wind, bedeckter Himmel, gute Sicht und eine Außentemperatur von minus 2° C erwarteten uns am nächsten Tag. Wieder gelang es mir nicht, unser morgendliches Funk-Rendezvous einzuhalten. Wenn wir nicht bald zu unseren Freunden durchkamen, würden sie ein Suchflugzeug nach uns ausschicken.

Wir warfen den Kocher an und bereiteten ein üppiges Frühstück aus Haferbrei und gefriergetrocknetem Hühnerfrikassee. Obwohl körperlich und geistig wieder fit, empfanden wir es doch als ganz schön hart, das Boot und uns in Fahrt zu bringen. Die Stiefel, die Trocken- und die Überlebensanzüge, alles war steif gefroren. Sie anzuziehen, war nicht gerade angenehm. Auch an Bord war alles vereist. Jede Leine mußten wir biegen und klopfen, ehe sie wieder lehnig wurde. Vom Trampolin mußten wir eine dicke Schicht Eis losschlagen, und selbst die Zeltstangen waren zusammengefroren. Ihre Muffen mußten wir erst in der bloßen Hand erwärmen, ehe wir das Gerüst zerlegen konnten. Noch mehr Zeit kostete es, den Reif von Zelt und Schutzdach zu klopfen und zu kratzen. Dann mußten wir das steife Nylongewebe zusammenrollen und durch die enge Luke vorn in seinen Stauraum pressen. Zuletzt rissen wir unsere Schneemauer ein, paßten PERCEPTION die Gleitschuhe an und drehten sie so, daß ihre Steven wieder zum Packeis zeigten.

Auf einen Rumpf gestützt, holte ich Luft und sagte zuversichtlich zu Mike: „Tja, der schlimmste Job das Tages ist damit geschafft. Ab jetzt geht's leichter." Wieder irrte ich mich. Auf uns wartete der schwerste und längste Kraftakt der ganzen bisherigen Reise.

Zwei Tage hatte der Sturm das Eis in die Bucht gedrückt und sie völlig verstopft. Nun lagen 8 km zwischen uns und dem offenen Wasser des Sundes. Dies konnte sich als ernstes Problem für uns erweisen, weil so spät in der Saison jeder Tag, jede Stunde zählte, wenn wir die Nordwestpassage bewältigen wollten, ehe der Winter uns den Weg versperrte.

Ich hatte mit vier bis sechs Stunden gerechnet, um PERCEPTION über den Eisverhau in der Ashton Bay ins Freie zu schaffen. Doch es zeigte sich, daß wir nach vierzehn Stunden Schieben und Ziehen ganze 2 km weit gekommen und zu erschöpft waren, um weiterzumachen. Wir mußten auf dem Eis übernachten.

Vor uns lag ein Dschungel aus scharfkantigen, übereinandergetürmten Eisschollen, durch den kein leichter Weg führte. PERCEPTIONS Rümpfe wurden dabei fürchterlich malträtiert – und wir auch. Die 5 cm dicke Schneedecke reichte gerade aus, um die schmalen Rinnen zwischen den Eispfannen zu kaschieren, weshalb Mike und ich dauernd in eiskaltes Wasser durchbrachen. Um überhaupt voranzukommen, entwickelten wir folgende Technik: Mike kroch über das dünne Eis, bis er eine feste Scholle erreichte. Dann zog er PERCEPTION an der mitgenommenen Leine nach, ich schob sie von hinten – falls ich festen Halt für meine Füße fand –, und so bewegten wir uns langsam vorwärts. Das war, als kämpfe man darum, in Treibsand nicht zu versinken.

Am späten Abend erreichten wir eine Strecke mit Schlammeis, und das verlangsamte noch unser Schneckentempo. Allmählich wurde uns klar, daß wir an diesem Tag das offene Wasser nicht mehr erreichen würden. Der Gedanke an eine weitere Nacht auf dem Eis erschreckte uns so, daß wir PERCEPTIONS Steven wieder zum Land hin richteten. Weil wir die ganze Zeit der Küste gefolgt waren, bedeutete das einen Kurswechsel von nur 30 Grad nach Steuerbord.

Die Dunkelheit brach schon herein, als uns das Boot plötzlich aus den Händen glitt, seitlich wegkippte und auf einen Block aus mehrjährigem Eis hinabstürzte. Es gab ein lautes Krachen, begleitet von einem unheilverkündenden Reißen. Wir stolperten beide nach vorn, und da starrte uns in dem Rumpf, an dem Mike gezogen hatte, ein faustgroßes schwarzes Loch entgegen.

Ich verfluchte unser Pech. Das Loch konnten wir zwar wieder flicken, aber das würde Stunden dauern. Obendrein wurde es rasch dunkel. Falls wir das Boot jedoch weiterhin durch den Eisschlamm Richtung Land schoben, mußte sich der lädierte Rumpf schnell mit Wasser füllen. Und wenn das erst darin gefror, wurden wir es nie wieder los.

Wir schoben PERCEPTION auf die nächste Scholle, die uns groß genug für sie schien, und zogen Bilanz. Der Wind war leicht und auflandig; obwohl wir zum Ufer noch weiter hatten, als uns lieb war, konnten wir doch in der Nähe eine Hügelkette erkennen, die uns einigen Schutz bieten würde, falls der Wind auf Ost drehte und auffrischte.

Verbittert und frustriert fanden wir uns damit ab, daß wir noch einmal auf dem Eis übernachten mußten. Zum Weitermachen besaßen wir nach vierzehn Stunden einfach nicht mehr die Kraft, selbst wenn wir gewollt hätten. Erst weit nach Mitternacht konnten wir in unsere Schlafsäcke kriechen. Mein ganzer Körper schmerzte, als hätte mich jemand eine hohe Treppe hinuntergeworfen.

Der Wecker alarmierte mich um 06.00 Uhr für unser Funkgespräch, aber auch diesmal war am anderen Ende niemand zu erreichen. Oder war unser Sender defekt? Dieser beunruhigende Gedanke ließ mich unsere Einsamkeit noch stärker empfinden. Ich rollte mich wieder zusammen und schlief noch drei Stunden, während ein steifer West an unserem Zelt zerrte und Graupelschauer gegen das dünne Gewebe prasselten. Wir frühstückten in trüber Stimmung und krochen dann hinaus, um das Loch in PERCEPTIONS Steuerbord-Vorschiff zu reparieren. Der Glasharzspachtel mußte erst mühsam über unserem kleinen Kocher erwärmt und dann in der Eiseskälte draußen blitzschnell aufgebracht werden: eine nervtötende, zeitraubende Prozedur.

Während wir auf das Aushärten der reparierten Stelle warteten, holte ich das Funkgerät heraus und versuchte noch einmal, die Station Polar Shelf zu erreichen. Diesmal hörten sie uns und hatten beunruhigende Neuigkeiten: John Bockstoce war in seiner auf langer Arktiserfahrung beruhenden Klugheit zu der Überzeugung gelangt, daß es Zeit wurde für die Winterpause; seine BELVEDERE kehrte nach Tuktoyaktuk zurück. Diese Nachricht behagte mir gar nicht.

Erst am frühen Abend waren wir wieder bereit für die Plage, das Boot übers Eis zu ziehen. Wir schleppten uns bis 22.30 Uhr immer parallel zum Ufer weiter, dann suchten wir bei nach wie vor auflandigem Wind und Dunkelheit eine große Scholle. Darauf verbrachten wir in unserem Zelt eine unruhige Nacht.

Der neue Tag fand uns wieder bei dem elenden Geschäft des Eishürdenlaufs mit Boot und in der für den ganzen vermaledeiten Sommer typischen trüben Stimmung. Wir hatten uns nicht die

Mühe gemacht, das Zelt zu verstauen, sondern ließen es auf dem Trampolin stehen, damit wir es nachts nicht erst aufbauen mußten. Allmählich glaubten wir, dieser weißen Hölle nie wieder entkommen zu können.

Am späten Vormittag machten wir Halt und erkundeten erst einmal, was vor uns lag. Der Wind war leicht und die See unter uns relativ ruhig. Ich stand noch am Boot, Mike jedoch schon weit draußen auf dem Eis, als ich ihn rufen hörte: „Eisbär! Bring das Fernglas mit!"

Mein erster Gedanke war: Zur Hölle mit dem Fernglas, nimm lieber die Flinte! Ich kramte sie aus dem Zelt und kehrte dann noch einmal wegen der Handfackeln um. Nur für alle Fälle. Inzwischen war Mike wieder da und holte seine Kameras aus dem Boot. Er hatte nur eine Fährte gesehen, berichtete er, aber sie war riesengroß und ganz frisch.

Bewaffnet mit Kameras und Flinte, näherten wir uns der Stelle, wo Mike die Fährte entdeckt hatte, und folgten ihr zu einem hausgroßen Klotz aus blauem Eis, der 50 m vom Boot entfernt himmelwärts ragte. Es stimmte, die Tatzenabdrücke waren abnorm groß und fast doppelt so breit wie Mikes Fußspuren. Langsam und vorsichtig näherten wir uns dem Eisklotz und spähten um die Ecke. Kein Eisbär zu sehen. Aber die Fährte erzählte ihre eigene Geschichte: Der Bär hatte uns einmal umkreist, ohne daß wir etwas merkten, und sich dann zum Land getrollt.

Eine Stunde später hatten wir die äußere Grenze des Packeises erreicht. Endlich sah es so aus, als könnten wir wieder segeln. Wir verstauten das Zelt und machten Perception auch sonst seeklar. Dann begannen wir, sie über die letzten 100 m zu schieben, durch junges Eis, das noch nicht überall dick genug war für unser Gewicht, so daß wir oft ins Wasser durchbrachen. Aber jetzt konnte uns nichts mehr aufhalten, auch nicht das Schlammeis, auf das wir bald danach stießen. Stolpernd, fallend, schiebend und zerrend, kämpften wir uns mit Perception hindurch, bis wir zu unserer unaussprechlichen Erleichterung endlich offenes Wasser erreichten. So herzhaft wir noch konnten, schüttelten wir uns triumphierend die Hände.

Bei dem leichten westlichen Wind segelten wir sofort los. PERCEPTION wirkte etwas träge, deshalb setzten wir den Spi, um ihr auf die Sprünge zu helfen, als Pressure Point, ein gewaltiger Felsbrokken, vor uns in die Höhe wuchs. Ich ließ einen Jubelschrei los, der Mike erst erschreckte und dann zum Grinsen brachte. Meine Freude, endlich wieder in Fahrt zu sein und nach fünf Tagen in der Eisfalle von Ashton Bay eine neue Landschaft vorbeigleiten zu sehen, war einfach überwältigend.

Bei 74° nördlicher Breite fuhren wir in die Barrow Strait ein und spürten deutlich einen Temperatursturz, als wir die hohe, felsige Buckelstirn von Limestone Island rundeten. Alle Leinen waren steif gefroren, und ich fühlte unter der Thermowäsche eisigen Schweiß auf meinem Rücken. Wir schälten uns aus den Mustang-Überlebensanzügen, froren aber immer noch. Ich halste auf das ferne Kap Anne an Steuerbord zu und hoffte, daß wir es bis zum Cunningham Inlet in der Nordküste von Somerset schaffen würden, ehe wir für den Tag Schluß machen mußten. Der Wind legte so zu, daß ich Mike mehrmals warnte, sich für ein schnelles Bergen des Spinnakers bereit zu halten.

Aber irgendwie reagierte PERCEPTION träge auf das Ruder. Mißtrauisch beobachtete ich sie, während wir dahinglitten, und schließlich dämmerte es mir: Sie lag viel zu tief im Wasser.

Mike schraubte die Luke im Backbordrumpf auf und fand ihn halb voll Wasser. Er kramte unsere kleine manuelle Bilgenpumpe heraus und machte sich ans Lenzen, aber das Wasser stieg genauso schnell, wie er es über Bord beförderte. Er warf mir einen verzweifelten Blick zu und rutschte dann hinüber, um im Steuerbordrumpf nachzusehen. Der war fast vollgelaufen. Wir sanken!

Ich änderte Kurs direkt auf Kap Anne zu, genauer auf eine kleine vorgelagerte Insel. Der Wind schob PERCEPTION auf ihren flachen Strand, und wir sprangen ins Wasser, um sie höher hinauf zu ziehen. Aber sie rührte sich nicht. Erst nach 300 Schlägen mit der Handpumpe hatten wir den Steuerbordrumpf lenz genug, um sie bewegen zu können. Mit einer gewaltigen Anstrengung zogen wir sie auf den Strand und öffneten die Ventile hinter den Rudern, damit das Wasser ablaufen konnte. Bei der anschließenden Untersuchung wurde klar, daß wir uns auf eine größere Reparatur gefaßt machen mußten. Die höllischen Tage in der Ashton Bay hatten mehr Schaden angerichtet als zunächst erkennbar.

Am nächsten Tag, dem 5.September, erreichte der Wind 70 km/h, wodurch die Auskühlung einem Kältewert von –30° C entsprach, und brachte starken Schneefall mit. Um 06.00 Uhr morgens weckten uns einige besonders bösartige Böen. Wir standen auf, um einen Windschutz aus Schnee rings um unser empfindliches Zelt zu errichten, mußten aber zunächst die Verwehung wegschaufeln, unter der unser Eingang begraben lag.

Später am Nachmittag startete eine von uns über Funk alarmierte Twin Otter von Resolute Bay und überflog die Barrow-Straße, um uns Epoxymaterial für PERCEPTIONS Reparatur zu bringen. An Bord waren mein Vater und Peter Jess.

Die Maschine unternahm bei der Suche nach einem geeigneten Landeplatz mehrere Anflüge, aber der starke Wind bereitete dem Piloten zu große Schwierigkeiten. Beim letzten Versuch drückte ihn eine Fallbö fast auf Deckshöhe herunter, und wir fürchteten einen entsetzlichen Moment lang, daß er abstürzen würde. Aber dann startete er durch und flog in Richtung Resolute davon.

Der nur knapp vermiedene Absturz der Maschine zwang mich, den harten Tatsachen ins Gesicht zu sehen: Die Eisverhältnisse waren mies und wurden ständig noch mieser; zudem mußten wir mit fallenden Temperaturen rechnen; das scharfe Eis hatte Trokkenanzüge und Boot so stark beschädigt, daß beide leckten; vierzig anstrengende Tage hatten unsere Kräfte aufgezehrt. Eineinhalb Tage lang, während draußen der Sturm tobte, wog ich unsere Chancen ab. Und schließlich faßte ich, obwohl mir vor Enttäuschung fast die Tränen kamen, den schweren Entschluß, unsere Reise hier und jetzt abzubrechen.

Erst nach einem weiteren Tag war der Sturm so weit abgeflaut, daß die Twin Otter uns von Kap Anne abholen konnte. Wir legten PERCEPTIONS Mast, schlugen Segel und Trampolin ab und verwahrten auch alles andere, so gut es ging, denn wir wußten: In dem langen Winter, der ihr bevorstand, würde sie extrem niedrige Temperaturen um –50° C und Windgeschwindigkeiten von 160 km/h überstehen müssen. Zusätzliche Sorgen machte uns die enorme Bärenfährte, die wir am Morgen unseres Abflugs wiedersahen; es war vorgekommen, daß Bären auf der Suche nach Futter sogar Schneemobile zerstört hatten.

Während wir in Resolute auf unseren Flug nach Süden warteten, überdachte ich die Ereignisse des Sommers und kam zu dem Schluß, daß wir auf unsere Leistung stolz sein durften.

Auf der nach allgemeiner Überzeugung schwierigsten Strecke der Nordwestpassage hatten wir in eisverseuchten Gewässern immerhin 1600 km zurückgelegt. Andere Boote hatten weniger Glück gehabt.

VAGABOND II hatte Gjoa Haven wenige Tage nach uns verlassen, aber nicht durch die Eisbarriere in der James-Ross-Straße schlüpfen können. Die Franzosen warteten dort bis Ende September, dann kehrten sie um und motorten die 200 km nach Gjoa zurück.

John Bockstoce startete mit BELVEDERE in Tuktoyaktuk und stieß fast so weit nach Osten vor wie VAGABOND, ehe ihm Eis den Weg versperrte und er für den Winter nach Tuk zurückkehren mußte.

David Cowper, der englische Weltumsegler, konnte uns in Resolute selbst erzählen, wie es ihm ergangen war. Wir lernten ihn beim Fünf-Uhr-Tee im Blockhaus eines dortigen Ausrüsters kennen, wo er besonders auffiel, weil er wahrscheinlich der einzige Mensch in der östlichen Arktis war, der eine Krawatte trug.

Obwohl noch jung, hatte er die Welt schon dreimal einhand umsegelt und war nun bei seiner vierten Weltumsegelung, die ihn durch die Nordwestpassage führen sollte. Im Sommer 1986 war er in seinem umgebauten, 12 m langen Rettungskutter über den Lancaster Sound und den Prince-Regent-Fjord in die Creswell Bay motort, wo ihn das Eis für den Winter eingeschlossen hatte. Als er im nächsten Frühjahr zu seinem Boot zurückkehrte, fand er es voller Löcher und Wasser vor. Während wir uns durch das Eis nach Gjoa Haven gekämpft hatten, verbrachte er die Wartezeit auf das Aufbrechen des Packeises damit, das Boot zu reparieren und wieder seetüchtig zu machen. Ende August öffnete sich endlich eine Rinne, und er folgte ihr 20 km weit, nur um in einer Sackgasse zu landen. So mußte er in die Creswell Bay zurückkehren und sein

Boot auf einen zweiten Winter vorbereiten. Nach der Saison hatte er ganze 40 km am Log.

Es war ein Jahr, in dem es in der Arktis niemals richtig Sommer wurde. David Cowper staunte nicht schlecht über die Strecke, die wir mit PERCEPTION zurückgelegt hatten. Die freimütige Bewunderung dieses ungewöhnlichen Mannes tröstete mich darüber hinweg, daß wir die Durchquerung der Nordwestpassage wieder nicht ganz geschafft hatten.

PERCEPTION hatte sich als das ideale Boot für unser Vorhaben erwiesen. Bei gutem Wetter flog sie förmlich übers Wasser, und bei schlechtem bot sie uns eine Alternative: Obwohl es wahrlich kein Vergnügen war, sie übers Eis zu schleppen, hatten wir fast 50 km auf „festem Wasser" zurückgelegt. So verließen wir Resolute voller Zuversicht und Vorfreude auf unsere Rückkehr. Im nächsten Jahr würden wir den Job erledigen.

DRITTES JAHR

1988

26. Juli bis 17. August

11. KAPITEL

„Die Tiere waren so neugierig auf uns wie wir auf sie."

Am 21. Juli 1988 wachte ich in Toronto um 06.00 Uhr auf. Im Radiowecker erzählte mir ein Sprecher mit flottem Mundwerk, daß es draußen bereits 29° C warm sei und daß eine Massenkarambolage auf dem Don Valley Parkway den angeschwollenen Blechfluß verstopfe.

Vierzehn Stunden später stiegen mein Vater, Mike und ich bei 5° C Kälte und Nebel in Resolute aus dem Flugzeug. Ein dreiköpfiges Fernsehteam, das einen Dokumentarfilm über die letzte Etappe unserer Expedition drehen wollte, begleitete uns.

Die stämmige Boeing 737, die uns von Iqaluit, früher Frobisher Bay, an der Südecke der Baffin-Insel nach Resolute geflogen hatte, war ein Arbeitspferd der Arktis, eine Art Trampdampfer der Luft, in dem sich Passagiere und Fracht den vorhandenen Raum teilten. Die Maschine hatte auch einige amerikanische Touristen bei ihrem zweiten Anflug auf Resolute an Bord; tags zuvor hatten sie dort wegen des schlechten Wetters nicht landen können. Nachdem sie in den letzten beiden Tagen zwanzig Stunden in der Luft zugebracht hatten, waren sie nun endlich angekommen: So reist man eben in der Arktis.

Wir übernachteten im Narwhal Hotel beim Flughafen, einem zweigeschossigen, halbkreisförmigen Gebäude, dem bestausgestatteten Etablissement seiner Art nördlich des Polarkreises. Am nächsten Tag stopften wir unsere Expeditionsausrüstung sowie die Zelte, Generatoren, Kameras und Ersatzgeräte des Fernsehteams in den Frachtraum einer gecharterten Twin Otter. Zu sechst quetschten wir uns – Dad, Mike, ich und die drei TV-Leute – hinter unserem Gepäck hinein, um zu PERCEPTION am Kap Anne zu fliegen. Unterwegs wollten wir auf Beechey Island zwischenlanden, weil diese Insel von historischem Interesse und für Vater und mich von ganz persönlicher Bedeutung war.

Als wir von der Startbahn abhoben, erkannten wir die Doppelspuren zahlreicher Lastwagen, die das zartgraue Land um die Siedlung zerrissen und wie das Gekritzel eines U-Bahn-Schmierers aussahen: traurige Beweise für das Eindringen des homo technicus in die jungfräuliche arktische Landschaft.

Wenige Minuten später waren wir über der Barrow Strait, an deren Nordufer sich Eisschollen stauten. Der Wellington Channel, östlich von Resolute und jetzt direkt vor uns liegend, schien total verstopft zu sein; aber am südlichen Rand des Packeises erkannten wir einige Wasserrinnen, wo Schollen abbrachen und südwärts in die Straße hinaustrieben. Dann kam Beechey Island in Sicht, ein an Gibraltar erinnernder Felsbrocken, und die Twin Otter begann zu sinken. Unser Pilot, ein erfahrener Arktisveteran, suchte den schrägen Horizont nach einer halbwegs flachen Stelle ab, wo er mit seinen breiten Tundrareifen landen konnte.

Mit einem Ruck setzten wir am Ende eines schmalen Schotterstreifens auf, der Beechey bei Niedrigwasser mit der Landmasse von Devon Island verbindet, und rasten bergauf der Steilküste entgegen. Aber noch rechtzeitig bogen wir ab und rollten langsam auf das berühmte Gräberfeld der Insel zu.

Während die Kameraleute ihr Gerät aufbauten, schlenderten Dad und ich zu den drei Holztafeln hinüber, welche die Gräber von drei Männern aus der Besatzung Sir John Franklins bezeichnen; sie waren im Winter 1846 gestorben und hier, auf dem ersten Landeplatz der beiden Schiffe, begraben worden.

Eine der vielen Expeditionen, die nach Franklin und seinen Leuten suchten, entdeckte die Grabstellen 1850, und seither hatten sie sich kaum verändert. Da stand Franklins stumme Steinpyramide – er hatte keine Nachricht darin hinterlassen –, und auch die Reste eines großen Holzschuppens, den Commander Pullen von der HMS North Star 1854 für seine Vorräte errichtet hatte, waren noch vorhanden. In der Nähe lagen Teile von Rumpf und Ruder der Yacht Mary, des kleinen, 12 Tonnen schweren Bootes, das Commander John Ross 1850 bei Kap Spencer auf Devon Island zurückgelassen hatte – in der Hoffnung, daß Überlebende der Franklin-Expedition es finden würden. Vergeblich. Commander Pullen hatte es später nach Beechey geschleppt.

Abermals las ich die Worte auf der Gedenktafel, welche die trauernde Lady Franklin hierher gesandt hatte. Sie war von Captain Leopold McClintock errichtet worden, und zwar im Verlauf seiner privat finanzierten Suchexpedition, die endlich in den Jahren 1857-58 den Schleier über dem Schicksal Franklins und seiner Männer gelüftet hatte. Die Inschrift lautete sinngemäß:

Gewidmet dem Andenken
Franklins,
Croziers, Fitzjames'
und ihrer tapferen Offizierskameraden
sowie ihrer treuen Begleiter, die im Dienst an Wissenschaft und Vaterland litten und starben.
Dieser Stein bezeichnet die Stelle, wo sie ihren ersten Polarwinter verbrachten und von wo sie aufbrachen, die vor ihnen liegenden Hürden zu meistern oder zu sterben. Er erinnert an den Gram ihrer bewundernden Landsleute und

20

21

22

) Mike erklettert PERCEPTIONS 9 m hohen Mast, um voraus nach einer eisfreien Fahrrinne zu suchen.

21 Im Schein des fast vollen Mondes segeln wir durch die Nacht, weil wir es wieder nicht bis zum sicheren Land geschafft haben.

22 Ein Augenblick der Ruhe vor der Tuktoyaktuk-Halbinsel.

23 Wenn wir draußen auf dem Eis übernachten müssen, errichten wir unser Sierra-Zelt auf PERCEPTIONS Trampolin. Falls die Scholle dann auseinanderbricht, während wir schlafen, haben wir so bessere Chancen.

24 Der Weihnachtsmann in der Nordwestpassage: Wir lernen, daß Humor in kritischer Lage befreiend wirken kann.

23

24

25

25 Grausiger Zeuge einer der vielen Tragödien in der menschenfeindlichen Arktis: der Schädel eines frühen Forschungsreisenden, dessen eingeschlagene Schläfe auf Kannibalismus deutet.

26 Am Kap Anne: Bei Sturm, der einen Auskühlungseffekt von −35°C bewirkt, müssen wir eine Wand aus Schneeziegeln bauen, um unser Zelt zu schützen. Zwei Tage später zwingt uns der frühe Wintereinbruch, unsere Reise zu unterbrechen.

27 Insgesamt 50 km weit müssen wir das 450 kg schwere Boot übers Eis schieben, wie hier vor den Inseln der Royal Geographic Society.

26

27

28

29

28 Mike porträtiert einen ausgewachsenen Belugawal, der bei Ebbe in einer Flußmündung am Cunningham-Fjord gestrandet ist.

29 Jeff „fliegt“ über die Eisschollen der Franklin Bay.

30

31

30 Nur mit Gewalt kann Mike die vereisten Stiefel über seine erfrorenen Füße ziehen. Nach unserer Rückkehr dauerte es zwei Monate, bis das Gefühl in unsere Zehen zurückkehrte.

31 Erst im Inneren des von einer Schneemauer geschützten Zeltes werden wir uns etwas aufwärmen und trocknen können, wobei uns ein kleiner Campingkocher hilft.

32
Mike bemüht sich mit aller Kraft, unser 450 kg schweres Boot durch eisverseuchtes Wasser vorwärts zu schieben.

33
Jeff steuert Perception um einen mächtigen Eisberg. Diese Riesen schaffen sich ihr eigenes Wetter.

34
Jeff springt von Scholle zu Scholle im Versuch, mit Perception das sichere Ufer zu erreichen.

35
Das Eis arbeitet so stark, daß wir den Kat ständig in Bewegung halten müssen, damit er nicht zerdrückt wird.

36
Auf ihren untergeschnallten Skiern ziehen wir Perception übers Eis. Nur daß wir unser Boot den rasch wechselnden Bedingungen anpassen können, ermöglicht den Erfolg der Expedition.

32

33

34 35

PERCEPTION

37

38

37 Kostbar sind die seltenen Au-
genblicke der Stille in der Be
fort-See mit ihren Eisgebirg
die majestätisch vorbeitreibe
38 Mike und Jeff in einer Erho-
lungspause vor der bizarr ge
formten arktischen Küste: Je
wissen sie, daß sie es schaffe
werden.

Freunde; und an seiner Witwe Schmerz, gemildert durch Gottvertrauen, die in dem heldenhaften Anführer dieser Expedition den ergebensten und liebevollsten Gatten verlor. „Und so erhebet er sie in den Himmel, allwo sie weilen".
1855

Die Marmortafel steht am Fuß eines Gedenksteins, der von der letzten und größten Expedition errichtet wurde, mit der die Royal Navy nach Franklin suchen ließ. Geführt wurde sie von Sir Edward Belcher, und es steht fest, daß Belcher einer der unfähigsten Offiziere war, die jemals die Arktis besuchten. 1853 überließ er vier seiner Schiffe sich selbst und floh in einem Frachter nach Hause, der Nachschub für seine Expedition nach Beechey Island gebracht hatte. Sein Flaggschiff, das er im Eis des Wellington Channel zurückließ, schlug sich im folgenden Sommer allein in den Nordatlantik durch, wo es hilflos treibend von amerikanischen Walfängern gefunden wurde.

Dad und ich wanderten auf dem steinigen Strand weiter bis zu der Stelle, wo wir 1978 im ersten Jahr seiner Suchexpedition nach dem Wrack der Breadalbane kampiert hatten. Diese Bark war eines der von England ausgesandten Versorgungsschiffe für Belcher und Ende August 1853 kurz nach ihrer Ankunft vor Beechey von starkem Packeis zerquetscht worden. Sie sank in knapp fünfzehn Minuten. Drei Jahre lang wurde in den kurzen Polarsommern fieberhaft mit dem modernsten Seitensonar nach ihr gefahndet, bis sie schließlich, fast unversehrt auf ebenem Kiel liegend und mit allen drei Masten noch aufrecht, in 300 m Wassertiefe entdeckt wurde. 1981, im Jahr danach, kehrte die Expedition zurück, um die Breadalbane zu fotografieren, die seither als das nördlichste Schiffswrack der Welt gilt. Schließlich kampierten wir 1983 vier Wochen lang auf dem Eis über dem gesunkenen Schiff und untersuchten es mit einem kleinen ferngesteuerten Tauchroboter, der es mehrfach „überflog". Bei einer Reihe aufregender Tauchgänge holten Männer in Spezialanzügen das Ruder des Wracks und andere Antiquitäten wieder ans Tageslicht.

Hier auf Beechey Island war mir 1983 zum ersten Mal die Idee gekommen, die Nordwestpassage zu durchsegeln. Als Mitglied des Teams, das die BREADALBANE fand, hatte ich reges Interesse an der Polarforschung entwickelt. Ich wollte mit eigenen Augen die Landschaften sehen, die in den Expeditionsberichten beschrieben wurden, wollte ebenfalls den Triumph erleben, der die Entdecker erfüllte, wenn sie nach Bewältigung schier unüberwindlicher Schwierigkeiten ihre großen Erstleistungen vollbracht hatten.

Mein Vater hatte über die Suche nach der BREADALBANE in seinem Buch *The Land That Devours Ships* berichtet: *Das Land, das Schiffe verschlingt.* Als wir wieder in die Twin Otter kletterten, hoffte ich inständig, daß es nicht auch unser kleines Boot verschlungen hatte. Wir kurvten über den Lancaster Sound auf Somerset Island zu. Der Sund war mit Schollen aus einjährigem Eis verstopft, unter denen manche einen Durchmesser von mehreren Kilometern erreichten. Doch als wir uns von Norden her der Insel näherten, wurde die Eisdecke immer spärlicher, bis es schließlich so aussah, als könnten wir uns da unten durchmogeln. Beim Blick auf Cunningham Inlet entdeckten wir unten helle Formen, die geisterhaft über die braun und grün gefleckten Untiefen glitten. Wir kreisten, um sie besser erkennen zu können, und zählten sechzig Belugawale, die langsam in Schulen von vier bis zwölf Tieren dahinschwammen.

Endlich wuchs Kap Anne vor uns empor, und mich packte wieder die Sorge, die mich den ganzen Winter gequält hatte: Würde PERCEPTION noch in guter Verfassung sein, nachdem sie fast ein Jahr lang unbeaufsichtigt dem Wetter in der offenen Tundra ausgesetzt gewesen war? Wir hatten sie so gut wie möglich gesichert, bevor wir sie vor elf Monaten verlassen mußten, aber niemand brauchte Mike oder mich daran zu erinnern, wie furchtbar die Winterstürme so hoch im Norden wüten können. Nichts und niemand konnte gewährleisten, daß sie das unbeschädigt überstand.

Mike an der Fensterreihe gegenüber entdeckte sie als erster. „Da unten steht sie!“ rief er. „Sieht ganz okay aus!“

Die Twin Otter kippte scharf ab, und wir kreisten einmal prüfend über PERCEPTION, bevor wir schnell zu einer bemerkenswert sanften Landung auf der Tundra niedergingen.

Blitzschnell befreiten Mike und ich uns von den Sitzgurten, doch dann mußten wir schier eine Ewigkeit warten, bis der Pilot die Maschinen abgestellt und seinen Cockpit-Check erledigt hatte. Endlich öffnete er die Tür für uns.

Als wir festen Boden unter den Füßen hatten, sprinteten wir sofort hinüber zu PERCEPTION. Sie sah wirklich ganz intakt aus. Ich klopfte anerkennend auf ihren verschrammten gelben Steuerbordrumpf, und sie antwortete mir mit ermutigend hohlem Klang. Wunderbar sah sie aus, meine PERCEPTION. Ich drückte ihr einen Kuß auf die Nase.

Sogleich begannen wir unser Lager aufzuschlagen, und während Dad das Abendessen zubereitete, stellten wir den Katamaran auf den Kopf, um uns die Löcher in den Rümpfen anzusehen, die das Eis im letzten Jahr gerissen hatte. Der Schaden war beträchtlich, aber doch nicht ganz so schlimm, wie er uns vor elf Monaten in unserem ausgepumpten Zustand vorgekommen war. Zum Glück konnten wir das alles mit dem Material reparieren, das wir mitgebracht hatten. Die Arbeit mit Schleifpapier und Epoxidharz begann, auch wenn letzteres bei dem böigen Wind nur schwer aushärtete. Wegen der rötlichen Spachtelmasse sahen die Reparaturflecken an den Rümpfen scheußlich aus, aber das störte uns nicht weiter.

Fast den ganzen folgenden Tag, es war der 24. Juli, arbeiteten wir an den beschädigten Rümpfen. Am späten Nachmittag konnten wir PERCEPTION wieder auf die „Beine“ stellen und Trampolin, Ausreitsitze und Rigg montieren. Bis zum Abend war sie fertig für den Stapellauf, doch der Wind wehte zu stark, als daß wir gleich hätten lossegeln können.

An diesem Abend entdeckte Mike auf der Böschung hinter unserem Lager die Reste ein Siedlung von Thule-Eskimos. Der Boden war übersät mit Steinen und Walknochen, und dazwischen fanden wir die Reste von fünf Hütten. Von dem uralten Wohnplatz hatte man einen guten Ausblick auf den Strand unten, vor dem im flachen Wasser Belugawale spielten, die wir im Zwielicht gerade noch erkennen konnten. Für uns war das ein Augenblick der Verzauberung. Ich dankte meinem Geschick, daß es mich wieder in den hohen Norden geführt hatte, und fragte mich, was uns die kommenden Wochen wohl bringen würden.

Noch einen Tag verbrachten wir mit der Erprobung des Bootes und mit Filmaufnahmen, dann begann der Ernst des Lebens. An diesem 26. Juli starteten wir zur dritten Etappe unserer Reise. Dad war wieder nach Süden geflogen, das TV-Team nach Resolute. Am ersten Tag machten wir es kurz, segelten auf dem relativ eisfreien Wasser nur bis zum Cunningham-Fjord im Osten. Starkwind scheuchte uns gegen 19.00 Uhr vom offenen Sund an Land, und wir errichteten unser Zelt auf dem Trampolin. In der Nacht legte der Wind immer weiter zu, bis er im Rigg heulte und an der dünnen Nylonhaut unseres Zeltes riß. Ob wir bei diesem Wetter das Boot weit genug über die Hochwassermarke auf den Strand gezogen hatten, wußten wir nicht und verbrachten deshalb eine fast schlaflose Nacht.

Mit dem heraufdämmernden Tag ließ der Wind nach, tiefhängende, graue Bewölkung zog auf und brachte kalten Nieselregen mit. Bis wir wieder auf dem Wasser waren, hatten die Seen in der Barrow-Straße weiße Mützen aufgesetzt. Unser tief weggeladenes Boot krachte schwer durch die 1 m hohen Wellen und überschüttete uns mit beißend kalter Gischt.

Nachmittags erreichten wir die Mündung des Cunningham-Fjords und bogen erleichtert in sein geschütztes Gewässer ein, um nach den Belugawalen zu suchen, die wir drei Tage zuvor vom Flugzeug aus gesehen hatten. Es dauerte nicht lange, und wir segelten mitten in einer Schule von zehn Tieren, die im klaren, blaugrünen Wasser lautlos unter uns dahinzogen. Einige Minuten lang schienen die Wale unsere Anwesenheit zu akzeptieren, dann verschwanden sie ebenso schnell, wie sie gekommen waren. Weiter drin im Fjord stießen wir auf eine zweite Schule, doch diese blies sofort und tauchte weg. Wahrscheinlich hatten wir sie erschreckt.

Mittlerweile konnten wir schon die bergige Südküste des Fjords klar erkennen und auch das Lager, das die Forschungsstation für Wale sein mußte, von der man uns in Resolute erzählt hatte. Als wir uns dem Strand näherten, kam ein großer bärtiger Mann auf einem dreirädrigen Motorbike über die Tundra gebraust, um uns zu begrüßen. Wir wateten an Land und machten uns mit dem kanadischen Biologen Tom Smith bekannt. Noch bevor PERCEPTION ganz aufs Trockene gezogen war, hatten wir schon eine Einladung, das Camp der Wissenschaftler zu besichtigen und mit ihnen zu essen.

Als wir über den Strand zur Station hinauf wanderten, blieben wir immer wieder stehen, um den dicht am Ufer hin und her schwimmenden Belugas zuzusehen. Gelegentlich wagten sie sich bis ins flache Wasser vor und peitschten, sich ruckartig herumwerfend, Schaum und Gischt auf, bevor sie sich wieder dem tieferen Fjord zuwandten. Mike und ich konnten uns fast nicht losreißen von diesem ehrfurchtgebietenden Bild, doch es wurde Zeit für uns, die 60 m hohe Böschung zur Station zu erklimmen.

Sie bestand aus einem Holzhaus mit einer Grundfläche von 3,5 mal 5 m, das dicht am Abhang stand, und aus zwei kleinen Zelten. Für arktische Verhältnisse war das eine luxuriöse Unterkunft für ein Team aus nur drei Naturkundlern: Tom, den wir schon kannten, Tony Martin von der Universität Cambridge in England und Cathy Frost, eine Biologin vom Alaska Fish and Game Department. Von ihnen erfuhren wir, daß die Station seit zwölf Jahren jeden Sommer von Spezialisten besetzt wurde, die hier das Verhalten der Belugas studierten. Jedes Jahr kehren etwa 1500 Wale in die flachen und relativ warmen Gewässer des Fjords zurück und reiben sich an dem sandigen Grund, um die abgestorbene, gelbliche Schicht ihrer Haut zu entfernen. Nach diesem „Peeling" werden die ausgewachsenen Tiere wieder schneeweiß.

Im Rahmen des Studienprogramms für Walwanderungen hatte Tony vor kurzem einen kleinen Sender auf dem Rücken eines Belugas befestigt – kein einfacher Job, versicherte er uns. Seine Signale wurden von einem Satelliten aufgefangen, der die Information über den jeweiligen Standort des Tieres an Tonys Labor in Cambridge weiterleitete. Durch einen seltsamen Zufall hatte Mike erst vor zwei Tagen bei Kap Anne einen Belugawal mit einem auffallenden orangefarbenen Päckchen auf dem Rücken fotografiert. Das mußte Tonys Wal gewesen sein, denn noch nie war ein anderer Beluga auf diese Art „beringt" worden. Die Nachricht versetzte Tony in Begeisterung: Daß der Wal zu einer bestimmten

Zeit an einem bestimmten Ort gesehen worden war, ermöglichte es ihm, seine über Satellit empfangenen Positionsangaben daheim in Cambridge zu überprüfen.

Am Morgen unserer Ankunft waren zwei Wale im Mündungsdelta eines kleinen Flusses in der Nähe der Forschungsstation gestrandet; jetzt bei Ebbe kamen sie nicht mehr in tieferes Wasser. So bot sich den Wissenschaftlern die seltene Chance, die Tiere zu kennzeichnen, zu vermessen, ihr Geschlecht zu bestimmen und sie auch sonst aus nächster Nähe zu untersuchen. Solche Strandungsunfälle kamen hier höchstens alle drei bis vier Jahre vor. Mike und ich gingen nur zu gerne mit, als die Wissenschaftler auf der Suche nach den hilflosen Tieren mehrere kleine Flußläufe und Sandbänke durchquerten.

Der erste Wal, den wir fanden, war etwa 6 m lang und ganz weiß, was auf ein Alter von mindestens sieben Jahren schließen ließ. Er lag in etwa 30 cm tiefem Wasser auf einem gewiß sehr unbequemen Bett aus Steinen. Wir näherten uns mit aller Vorsicht, obwohl er sich in dem vergeblichen Bemühen, tieferes Wasser zu erreichen, offenbar völlig verausgabt hatte. Er lag so ruhig da, daß ich seine Haut betasten konnte. Sie sah aus und fühlte sich auch an wie altes Fruchtgelee und wies an mehreren Stellen tiefe Narben auf.

Die Biologen begannen mit ihrer Untersuchung, nahmen eine kleine Hautprobe und ermittelten das Geschlecht des Tieres,eine heikle Sache, weil sie dazu in den Genitalschlitz greifen mußten. Zwischendurch brachte der Wal in seinem Verlangen nach der See immer wieder die Kraft auf, sich aufzubäumen und um sich zu schlagen, was uns hastig zurückspringen ließ.

Nachdem wir festgestellt hatten, daß dieses Exemplar ein Weibchen war, wateten wir zu der Stelle, wo der zweite Wal gestrandet war. Das war ebenfalls eine Kuh, aber noch grau und höchstens ein Drittel so groß wie ihre Leidensgenossin. Die Wissenschaftler schätzten ihr Alter auf drei Monate. Das junge Tier wimmerte und zitterte zwischen seinen anfallartigen, verzweifelten Fluchtversuchen und war durch die Strandung offenbar völlig verstört. Seine Todesnot übertrug sich deutlich fühlbar auf uns alle, und Tom beschloß, einen Versuch zu seiner Rettung zu wagen.

Unter Aufbietung aller Kräfte drehten wir die junge Walkuh herum und hievten sie rückwärts dem Wasser zu. Dabei zogen Tom und ich an ihren Schwanz- und die anderen an ihren schwarzgesäumten Brustflossen. Langsam, Zoll für Zoll, glitt die große Kreatur in tieferes Wasser, bis sie mit einem letzten Ruck aufschwamm und schnell Richtung See verschwand.

Die andere Walkuh war mit ihrem Gewicht von etwa einer Tonne zu schwer, als daß wir ihr auf gleiche Art helfen konnten. Wir mußten sie in der Hoffnung, daß sie von marodierenden Eisbären übersehen wurde, bis zum Auflaufen der Flut sich selbst überlassen.

In der Forschungsstation vertilgten wir mit unseren neuen Freunden ein reichliches warmes Abendessen, ehe wir für die Nacht zu PERCEPTION zurückkehrten. Wir breiteten unsere Schlafsäcke auf dem Kies dicht am Wasser aus und lauschten im Zwielicht der nordischen Nacht dem Zirpen der Wale, die nur 10 m vor unserem Lager hin und her schwammen. Wenn sie dabei gruppenweise am Ufer entlangglitten, durchbrachen ihre Köpfe, Rücken und schließlich ihre Schwanzflossen die Oberfläche in einer eleganten Wellenbewegung, wobei wir ihr tiefes Ausatmen hörten. Gelegentlich erhob sich einer zu einem Rundumblick fast senkrecht in die Luft, bis der riesige Kopf mit den winzigen, obsidianschwarzen Augen mehrere Fuß hoch über dem Wasser stand, bevor er sich mit einem gewaltigen Platschen wieder in die See fallen ließ. Die Tiere waren wohl genauso neugierig auf uns wie wir auf sie.

Manchmal tummelten sich so viele im Fjord, daß sein Wasser aussah wie die Stromschnelle eines Flusses, wenn die mächtigen Körper es mit spielerischenSchlägen zum Kochen brachten. Belugas werden manchmal „Nachtigallen der See“ genannt, und jetzt wußten wir auch, warum: Ihr Zwitschern, Zirpen und Pfeifen amüsierte uns die ganze Nacht.

Obwohl wir um 08.00 auf den Beinen waren, wurde es 13.00 Uhr, bis wir uns endlich vom Spiel der Wale losreißen konnten und PERCEPTION wieder zu Wasser brachten. In den nächsten zwei Stunden segelte ich vor der Küste auf und ab, weil Mike das Boot zusammen mit einem blasenden Wal vor die Linse bekommen wollte. Aber wir hatten kein Glück, Mike mußte an diesem Tag auf einen Schnappschuß von National-Geographic-Qualität verzichten.

Als wir aus dem Cunningham-Fjord in die launischen Winde der Barrow Strait hinaussegelten, konnten wir durch das klare Wasser bis auf den sandigen Grund sehen, wo lange braune Kelpstränge waagrecht in der Strömung fächelten. Leuchtend bunte Quallen trieben vorbei, während sich unser Boot faul auf der sanften Dünung wiegte, die Segel im kaum fühlbaren Wind schlaff hängend. Wir dösten, aßen etwas und griffen zuletzt aus schierer Langeweile zu den Paddeln. Am späten Nachmittag begegneten wir einer riesigen Bartrobbe, die sich auf einer kleinen Eisscholle sonnte. So leise wir konnten, paddelten wir näher, bis uns nur noch eine Bootslänge von dem Schläfer trennte. Dann plötzlich bewegte er seinen 180-kg-Wanst und glitt vom Eis ins sichere Wasser. Eine Stunde später beschlossen wir, Feierabend zu machen. Der nächste Morgen, so hofften wir, würde uns mehr Wind bringen.

Wir paddelten zur Küste, wobei ich aus dem Augenwinkel etwas Weißes sah, das langsam vor dem braunen Hintergrund davontrottete. Auch ohne Fernglas verrieten uns Kraft und Geschmeidigkeit der Bewegungen, daß es sich nur um einen Eisbären handeln konnte – unseren ersten in dieser Saison.

Wie üblich, reagierte Mike schwärmerischer als ich auf die Aussicht, unser Stück Strand mit solch einem Kerl teilen zu müssen. Wir sahen zu, wie er das Ufer in Schlangenlinien nach Futter absuchte. Mike versicherte mir, daß ausgewachsene Bären selten auf der eigenen Fährte wieder zurückwechseln, sondern gewöhnlich in gleicher Richtung weiterlaufen. Das beruhigte mich immerhin soweit, daß ich seiner Platzwahl zustimmte. Beim Lageraufbau achteten wir aber darauf, die geladene Flinte immer griffbereit zu halten, und als wir unsere Schlafsäcke ausrollten, stellten wir eine Dose Anti-Bär-Spray zwischen uns, die neueste Waffe in unserem ausgeklügelten Verteidigungssystem. Trotzdem fühlte ich mich ziemlich wehrlos, zugleich aber auch sehr müde, deshalb schlief ich bald ein.

Obwohl es nachts irgendwann zu nieseln begann, schlief ich fest durch bis 07.30 Uhr. Dann aber erwachte ich mit einem Ruck und sehr überrascht, daß ich die Nacht ohne Belästigung durch Eisbären überlebt hatte. Nach wie vor herrschte Flaute, deshalb kuschelten wir uns wieder in unsere Biwaksäcke und schliefen noch zwei Stunden. Mittags frühstückten wir Müsliriegel und beluden das Boot. Der Wind reichte jetzt aus, uns seewärts zu treiben. Während der Nacht hatten sich Eisschollen von etwa Bootsgröße an der Küste gestaut, die wir erst überqueren mußten, ehe wir in offenes Wasser gleiten konnten. Als das geschafft war, blickte ich mich noch einmal um und entdeckte den Eisbären, seelenruhig ausgestreckt auf einer Bodenwelle, die etwa 2 km von unserem Lagerplatz entfernt war. Wahrscheinlich hatte er dort auch die Nacht verbracht – so nahe, daß er uns leicht hätte anfallen können.

Der Wind blieb schwach und westlich, und da wir genau nach Osten wollten, kreuzten wir vor ihm mit langen raumen Schlägen, dem für Perception optimalen Kurs. Bald setzten wir den 30 m^2 großen Spinnaker. Die leichte gelbe Blase mit ihrem riesigen Ahornblatt entfaltete sich erstmals seit dem Frühling dieses Jahres, das ich mit Segeltraining im Golf von Florida begonnen hatte. Als sich der Spi mit einen Knall füllte, rieselten Floridasand und Muschelteilchen auf uns herab. Perception machte einen Satz und zischte davon.

Die Sonne kam heraus, was selten geschah, und der Tag wurde noch recht warm. Zum erstenmal konnten wir mehrere Stunden lang ohne Handschuhe segeln. Als Prince Leopold Island in Sicht kam, wurde der Wind stärker und ließ die Ruder tüchtig brummen. Flott segelten wir weiter und machten viel Strecke gut, bis der Wind gegen 21.30 Uhr nachließ und dann mit typisch arktischer Launenhaftigkeit ganz einschlief. Inzwischen waren wir beide durchfroren und ausgehungert, wollten aber noch nicht Richtung Land paddeln,weil manches dafür sprach, daß es bald wieder stärker wehen würde.

Also übernahm Mike das Ruder, ich stellte unseren Kocher aufs Trampolin und brachte Wasser für eine Suppe zum Sieden. Zwischendurch mußten wir einmal halsen, und dabei hielt Mike den

Topf auf dem Kocher fest, während ich den Spinnaker schiftete. Als das Wasser kochte, bereitete ich aus pulverisiertem Extrakt eine kräftige Gemüsebrühe, die wir schlürften, während sich unser Beef Stroganoff im Rest des kochenden Wassers durch seine Folie vollsaugte. Nach den ersten warmen Bissen fühlten wir uns wie neugeboren. Damit unser Mahl vollends unvergeßlich wurde, besuchte uns zuletzt noch eine Schule von etwa zehn Belugawalen und schwamm, dicht an der Oberfläche rhythmisch auf- und abtauchend, Richtung Cunningham-Fjord davon. Sie boten einen überwältigenden Anblick.

Ein leichter Wind kam auf, und wir glitten lautlos dem kahlen grauen Felsen von Kap Clarence entgegen. Doch es wurde Mitternacht, ehe seine mächtige Klippe über uns aufragte. Das Wasser weiter vorn schien von kompaktem Eis völlig verstopft zu sein. Aber bei der Annäherung stellten wir wieder einmal fest, daß uns die Schollen genug Raum zum Durchquetschen ließen. Dann schlief der Wind fast ganz ein, und nur der Spi half uns bei der Suche nach einem Schlupfloch zum Land, wo wir übernachten wollten.

Als wir die Spitze des Kaps erreichten, standen wir plötzlich vor einer hohen Wand aus Eis, die von einem Wirbel in der Strömung zwischen dem Prince Regent Inlet und dem Lancaster Sound auf uns zugeschoben wurde. Der Anblick jagte uns solche Angst ein – Millionen Tonnen knirschend arbeitenden Eises trieben da drohend auf uns zu –, daß wir mit Feuereifer zu paddeln begannen, zurück in die Richtung, aus der wir kamen. Wir wollten uns in eine Bucht flüchten, die wir auf dem Herweg passiert hatten, aber so schnell wir auch die Paddel schwangen, die Eiswand war schneller.

Sie hatte uns fast eingeholt, ehe wir ihr endlich, um eine große gestrandete Scholle biegend, im letzten Augenblick in die Bucht entkamen. Nach einer Atempause zogen wir PERCEPTION auf den Strand. Dann erkletterten wir einen 5 m hohen Eisklotz und beobachteten, wie die weißen Blöcke hinter uns die Bucht dichtmachten. Saßen wir jetzt in der Falle? Aber nach vierzehn Stunden Segeln und einer Strecke von 80 km waren wir zu müde, um uns darüber Sorgen zu machen. Wieder einmal schliefen wir auf dem Strand, ohne erst das Zelt aufzubauen.

Mein Wecker mahnte mich an unser auf 09.00 Uhr verschobenes Funk-Rendezvous, und während ich unsere Position durchgab, erkundete Mike draußen die Eislage. Er mußte nicht weit laufen – ein starker Tidenstrom schob die Schollen schon auf den Strand, wo wir eben noch geschlafen hatten. Das sah tatsächlich nach einer Falle aus. Da uns das letztjährige Desaster in der Ashton Bay noch lebhaft in Erinnerung war, schüttelten wir unsere Müdigkeit ab und schoben PERCEPTION binnen einer Stunde ins Wasser.

Auf unserer flachen kleinen Bucht drängten sich treibende Eisberge von Lkw- bis Hausgröße. PERCEPTION unbeschädigt zwischen ihnen in Fahrt zu bringen, das war, als wolle man aus dem Stand in eine überfüllte Autobahn einbiegen. Kaum hatten wir das Großsegel gesetzt, befanden wir uns schon auf Kollisionskurs mit einem turmhohen, überhängenden Berg, der nach unserem Mast zu schnappen schien. Mike konnte das Boot gerade noch mit dem Paddel abhalten. Wir schossen vorbei und entkamen nach ein oder zwei haarsträubenden Wenden endlich in offenes Wasser.

Der Wind war zu stark und das Eis zu unberechenbar, als daß wir daran denken durften, den 60 km breiten Prince-Regent-Fjord zu überqueren; das wäre ein voller Tag auf ungeschütztem Gewässer gewesen. Also hielten wir auf Prince Leopold Island zu, das etwa eine Segelstunde entfernt lag. Triefend vor Gischt, ritten wir PERCEPTION auf ihrem Luvflügel aus, während sie den hohen Kalkklippen der Insel entgegenpreschte. Wo ein breites Flußbett in die See mündete, konnten wir landen und das Boot auf den Strand ziehen, weit über die Hochwassermarke hinaus. Hier wollten wir besseres Wetter für die Überfahrt abwarten.

Prince Leopold ist eine Zuflucht für Millionen Seevögel und hat seinen eigenen spröden Reiz, wie wir noch merken sollten. Wir wußten, daß sich irgendwo auf den 300 m hohen Klippen eine Forschungsstation befand, und sobald wir das Boot sicher verwahrt hatten, machten wir uns auf die Suche nach ihr. Wir kletterten neben dem steinigen Flußbett bergauf und wechselten auf halbem Weg zu einer schneebedeckten Felsrippe hinüber, die den Wasserfall in zwei weiß schäumende, eiskalte Arme teilte. Der Boden war mit roten Schneealgen überpudert, und am oberen Rand des Flußbetts fanden wir ein leuchtend rotes Moos unter dem Schnee, der die Felsen bedeckte.

Als wir das Inselplateau erreicht hatten, entdeckten wir dicht an der Abbruchkante den hölzernen Wind- und Sichtschutz eines Vogelbeobachters. Dahinter duckte sich der Ornithologe John Shadon vom Ozeanographischen Institut Bedford in Nova Scotia. Seine Spezialität waren Kittiwakes, kleine grauweiße Seemöwen, die ihre Nester aus Gras, Moos und Kot direkt an die steilen Klippen von Prince Leopold und anderen Inseln der Gruppe kleben. Im Winter ziehen die Vögel nach Süden bis zum Mittelmeer und nach Nordafrika.

Von Johns Schirm aus hatte man einen atemberaubenden Blick auf Tausende dieser Seemöwen, die mit lautem Geschrei an der senkrecht aus der weiß gischtenden See aufsteigenden Felswand nisteten. Mindestens ebenso viele Lummen und Seetaucher machten ihnen den knappen Platz streitig.

Wir unterhielten uns, beobachteten noch eine Stunde lang das gefiederte Treiben und folgten dann John zum Lager, das er mit vier anderen Vogelkundlern teilte. Ihr Projektleiter David Nettleship zählte, beringte und beobachtete die Population der Insel schon seit über zwölf Jahren. Er erzählte uns, daß die Lummen in jedem Sommer mit demselben Partner zurückkehren und im selben Nest brüten wie im Vorjahr. Am Ende der Saison flattern die noch flugunfähigen Jungen zur tief unten an die Steilklippen brandendenSee und beginnen ihre 5000 km lange, langsame Driftreise mit der Strömung des Lancaster-Sunds hinüber nach Grönland und südwärts bis zur Küste von Labrador.

Als wir am nächsten Morgen erwachten, heulte der Wind noch immer in Perceptions Rigg und verwehrte uns weiterhin die riskante Überquerung des Prince-Regent-Fjords. Also setzte ich die seit langem überfällige Körperpflege aufs Programm und wanderte am Flußufer entlang durchs Geröll bis dorthin, wo der Wasserfall begann. Da kniete ich mich hin, um mir zuerst die Haare zu waschen. Das Schmelzwasser vom Plateau hatte fast Gefriertemperatur und betäubte meinen Skalp, als ich die Seife abspülte. Darunter litt möglicherweise mein Verstand, denn plötzlich merkte ich, daß ich mir die Kleider vom Leibe riß und in den Fluß watete, um auch den Rest zu waschen. Das Wasser brannte wie Feuer, aber das herrliche Gefühl der Sauberkeit nach neun Tagen im Überlebensanzug wog den Schmerz bei weitem auf. Mike tat es mir bald nach und wusch sich jaulend und prustend im eiskalten Wasser. Nach dem Anziehen erklommen wir die Klippen, um unseren Kreislauf anzuheizen und die Vögel zu beobachten.

Dabei fanden wir einen neuen Aussichtspunkt, von wo aus Mike, auf einem hohen Felsen sitzend, die Kolonien der kreischenden Eismöwen und Lummen fotografieren konnte. Beide Arten nisteten nur wenige Meter voneinander getrennt, obwohl die Möwen Räuber sind, die Eier und Küken der Lummen fressen. Die Aussicht von hier oben war großartig: Nach Osten blickten wir 80 km weit über die Brodeur-Halbinsel hinweg bis nach Kap York, unserem nächsten Ziel. Im Norden lag Devon Island mit seinen vielen Fjorden und Gletschern. Zu unseren Füßen trieb der Westwind das Eis von der Barrow Strait herein, das dann mit der Strömung den Prince-Regent-Fjord hinaufwanderte.

Nur ein paar Kilometer weiter südlich, bei Port Leopold an der Nordostspitze von Somerset, waren die beiden Schiffe ENTERPRISE und INVESTIGATOR, mit denen James Clark Ross vergeblich nach der Franklinexpedition suchte, elf Monate lang im Eis eingeschlossen gewesen. Die Anstrengungen während eines ganzen Sommers hatten sie nur 300 m vorangebracht. Man schrieb 1848-49, und Franklin war schon seit vier Jahren verschollen. Während des langen Winters hatte Ross einen Suchtrupp mit Schlitten an die Nord- und die Westküste von Somerset geschickt, denn er wußte, daß Franklin bei günstigen Bedingungen durch den Peel Sound hatte segeln wollen. Der Treck des Suchtrupps dauerte 39 furchtbare Tage, kam 800 km weit und machte aus britischen Seeleuten ausgemergelte Zugtiere, weil sie die schweren Schlitten ziehen mußten, welche die Royal Navy für ihre Polarexpeditionen bevorzugte. Ross konnte nicht wissen, daß an dem Punkt, wo seine ausgepumpten und halb verhungerten Männer entmutigt umkehrten, Franklins Schiffe EREBUS und TERROR nur 280 km entfernt im Eis eingeschlossen lagen. Franklin war damals schon lange tot, aber die meisten seiner hungernden Leute hatten bis wenige Monate zuvor überlebt und waren dann zu ihrem aussichtslosen Marsch nach Süden aufgebrochen.

Als Mike und ich den steinigen Pfad erreichten, der zu PERCEPTION hinunterführte, frischte der Wind wieder auf. Wir blieben stehen und beobachteten besorgt, wie das Eis unseren Landeplatz einzumauern begann. Eine große geschlossene Masse driftete von Westen herein, weiterer Nachschub kam aus Norden und drohte uns den Weg über den Prince-Regent-Fjord zu versperren. Mit meinem Taschen-Anemometer maß ich am Fuß der Klippen Windgeschwindigkeiten von 45 km/h. Eine Überfahrt bei so starkem Wind war alles andere als ratsam, aber das Eis sammelte sich immer enger um Prince Leopold, so daß wir an diesem Tag möglicherweise unsere letzte Chance bekamen. Wieder einmal mußten wir unter zwei gleich miesen Optionen wählen.

Ich beschloß zu warten und warf mich dann den Rest der Nacht unruhig in meinem Schlafsack herum, mit einem Ohr immer draußen beim Eis, das sich krachend und knirschend in unsere kleine Bucht schob.

Der Wecker schickte mich um 04.00 Uhr zu einem Rundblick hinaus, doch der Wind peitschte immer noch wütend durch PERCEPTIONS Rigg. Ich wandte mich nach rechts und sah, daß das Eis uns weiterhin jeden Weg aus der Bucht versperrte. Da stellte ich den Wecker auf 06.00 Uhr und ging wieder schlafen. Noch zweimal erwachte ich und schaute ins Wetter, aber erst gegen 10.00 Uhr vormittags hatten Wind- und Eisverhältnisse sich soweit gebessert, daß wir an einen Start denken konnten. Über Funk erbaten wir von Resolute einen aktuellen Wetterbericht, überprüften eingehend unsere Überlebensausrüstung sowie PERCEPTIONS Rigg und bereiteten uns auch sonst gründlich auf den längsten Seetörn unserer gesamten Reise vor.

Gleich nach dem Mittagessen schoben wir das Boot in die Eisschollen hinaus und begannen die Überfahrt, vor der ich mich die letzten drei Jahre gefürchtet hatte. In der Zeit, die man braucht, um auf ungeschütztem Gewässer 60 km weit zu segeln, kann bei dem unberechenbaren Polarwetter eine Menge passieren. Außerdem war unser Kat nicht für längere Hochseetörns konstruiert, und wir hatten ihn zusätzlich mit Vorräten und Notausrüstung im Gewicht von 90 kg belastet. Deshalb waren wir ziemlich nervös, als wir vorsichtig durch die schmalen Wasserrinnen im Küsteneis manövrierten.

Weiter draußen waren die Windverhältnisse fast ideal, und wir setzten den Spinnaker, um unser Glück voll auszunutzen. Doch die daraus resultierende schnellere Fahrt erschwerte mir das Segeln im Packeis. Mich auf bloßen Instinkt und mein schnelles Reaktionsvermögen verlassend, schlängelte ich mich durch einen vielversprechenden Kanal nach dem anderen.

Trotzdem wurden wir allmählich nach Süden abgedrängt, in den Fjord hinein. Deshalb hielten wir kurz an und erkletterten einen 3 m hohen Haufen aus übereinandergeschichteten Schollen, um zu sehen, wie es weiterging. Wir hatten gar keine andere Wahl – es gab nur einen einzigen Kanal von ausreichender Breite für unser Boot. Ihm folgten wir durch das Labyrinth und erreichten schließlich einen Streifen offenen Wassers. In der Ferne aber schien eine kompakte Eismasse quer über unserem Kurs nach Osten zu liegen. Bei der fürchterlichen Vorstellung, hier draußen in diesem weißen Dschungel von einem Sturm überrascht zu werden, sträubten sich mir die Haare.

Wir suchten uns wieder einen Ausguck: weit und breit kein eisfreies Wasser, nur eine schmale Rinne nach Osten, die brauchbar schien. Aber sie wurde rasch schmaler, deshalb brachten wir PERCEPTION hastig in Fahrt, bevor sich auch noch die letzte Lücke vor uns schloß. Eine Stunde später entdeckten wir einen Durchschlupf zwischen den Schollen, der vielleicht ins Freie führen mochte. Wir hatten Glück: Das Eis blieb hinter uns zurück, wir konnten wieder den Spi hochziehen und zischten nun flott dem klaren blauen Gewässer entgegen, das uns noch von Kap York trennte.

Am Spätnachmittag, als Prince Leopold Island achteraus immer noch gut zu erkennen war und Baffin Island voraus gerade erst in Sicht kam, verließ uns der Wind. Unbehaglich trieben wir auf der leichten Dünung, umgeben von einer stillen, friedlichen See. Erst nach einer halben Stunde strich eine schwache Brise fast unmerklich durch unsere schlaffen Segel. Mike lag auf dem Backbordrumpf und las *Adrift*, Steve Callahans Buch über seine 76 fürchterlichen Tage in einer Rettungsinsel auf dem Atlantik. Ich räkelte mich auf dem anderen Rumpf, Pinne in der Hand, das leise Plätschern unseres Kielwassers im Ohr, und versuchte wach zu bleiben, um jede Winddrehung nutzen zu können.

Eine Stunde später hatte der Wind kräftig zugelegt, und wir machten flotte Fahrt. Als wir nur noch 15 km zurücklegen mußten, um die Sicherheit von Baffin Island zu erreichen, ließ er uns jedoch erneut in Stich. Während der nächsten Stunden schlichen wir so langsam dahin, daß Perception kaum ein Wellchen auf dem glatten Wasser hinterließ.

Es wurde 22.15 Uhr, bis wir endlich nach zehn sehr angespannten Stunden an der unwirtlichen Küste von Baffin Island landen und uns zur gelungenen Überquerung des Prince-Regent-Fjords beglückwünschen konnten.

Schnell bauten wir unser Zelt auf und warfen den Kocher an. Mike holte den Whisky heraus, und wir nahmen beide einen kräftigen Schluck zur Feier des Tages. Trotz der anfänglichen Behinderung durch Eis hatten wir eigentlich ein Wetter gehabt, wie wir es uns nicht besser hätten wünschen können. Alles in allem war es ein glückhafter Tag gewesen. Um 01.00 Uhr krochen wir in unsere Schlafsäcke und hatten die Welt ringsum bald vergessen.

12. KAPITEL

„Nach einem alten Trapperspruch wehrt man einen Eisbär am besten ab, indem man den eigenen Partner erschießt und dann um sein Leben rennt."

Ein scharfes, zischendes Ausatmen und schwere Schritte, kaum einen Meter vom Zelt entfernt, rissen uns aus dem Schlaf.

Heiser flüsterte mir Mike zu, was ich schon wußte: *„Eisbär!"*

In unseren Schlafsäcken steckten wir wie in einer Falle, gelähmt vor Angst. Dann sprang Mike auf, griff sich die Flinte und entsicherte sie. Gespannt lauschten wir, was der Bär als nächstes tun würde, hörten aber nur den eigenen dröhnenden Herzschlag. Bären sind gelassene Jäger und warten oft lautlos und geduldig, ehe sie eine Beute schlagen, zum Beispiel eine Robbe an ihrem Eisloch. Als wir die Spannung nicht länger ertragen konnten, zog Mike vorsichtig den Zeltreißverschluß auf und schob zunächst den Lauf der Flinte ins Freie. Dann steckte er den Kopf hinaus – gerade noch rechtzeitig, um einen Eisbär zu sehen, der bestimmt schwerer war als unser Boot. Für einen Sekundenbruchteil trafen sich ihre Blicke, dann warf sich der Bär herum und rannte davon. Mike ließ die Flinte fallen, schnappte sich eine Kamera und machte ein paar Schnappschüsse von dem fliehenden Tier.

„Schätze, der war nicht hungrig“, meinte er.

Mir hatte es die Sprache verschlagen.

Von See rollte dicker Nebel herein, außerdem herrschte Flaute, deshalb krochen wir wieder in unsere Schlafsäcke, um auf besseres Wetter zu warten. Zu meiner eigenen Überraschung schlief ich fast sofort wieder ein. Als wir um 09.00 Uhr zu unserem Funkgespräch erwachten, hatte sich draußen nicht viel verändert. Wir saßen fest und mußten darauf warten, daß wieder Wind aufkam. Also machten wir erst mal einen Ausflug entlang der Steilküste hinter unserem Lager, um nach Fossilien zu suchen. Stattdessen fanden wir aber nur einen großen, rundgeschliffenen Felsen, den wir über die Kante kippten. Immer schneller rollte er den steinigen Hang hinab, durchbrach die Schneeverwehungen am Fuß der Klippe und krachte schließlich mit lautem Klatschen und gewaltiger Fontäne ins Wasser, begleitet von unserem kindischen Gelächter. Aber der alberne Streich half uns, die angesammelte Spannung abzureagieren.

Gegen 14.00 Uhr reichte der Wind zum Segeln. Wir machten einen Schlag in den Nebel hinaus und dann einen zurück zur Küste. So kreuzten wir im Zickzack weiter durch die Waschküche, immer hin und her, um den Landkontakt nicht zu verlieren. Als der Wind zulegte, baute sich ein konfuser Seegang auf, der das Segeln naß und mühsam machte. Langsam hob sich der Nebel und zeigte uns, daß wir auf einen Küstenstrich mit hohen Klippen und breiten Einschnitten dazwischen zuhielten. Diese Topographie hatte – gelinde gesagt – eine dramatische Auswirkung auf den Wind. In der einen Minute dümpelten wir noch im Lee der Klippen, in der nächsten sprang PERCEPTION in der Winddüse eines Tals so rapide an, daß es meine ganze Konzentration erforderte, sie vorm Kentern zu bewahren. Manchmal warfen die dräuenden Klippen keinen Windschatten, sondern erzeugten starke Verwirbelungen, die uns mit unberechenbarer Wut beutelten. Oft konnte ich beim besten Willen nicht vorhersehen, aus welcher Richtung uns die nächste Bö überfallen würde.

Nach sechs oder sieben Stunden dieses Katz-und Maus-Spiels hatten wir genug und zogen PERCEPTION für die Nacht auf einen Kiesstrand. Um 02.30 Uhr morgens schreckte ich hoch, weil ich glaubte, einen Bär gehört zu haben. Ich kroch aus dem Zelt und sah mich um. Der lang aufgespannte Draht unserer Funkantenne lag am Boden, aber wir entdeckten weder einen Bär noch eine Fährte. Schließlich legten wir uns wieder hin, doch den Rest der Nacht schlief ich unruhig.

Am Morgen erwartete uns Starkwind und eine weiß gischtende See, deshalb beschlossen wir, die hohen Kalkklippen hinter unserem Lagerplatz zu erkunden, während wir auf besseres Wetter warteten. Wir kletterten bis zum Fuß eines Wasserfalls und beobachteten fasziniert, wie die Böen die Sturzbäche zu waagrechten Wasserschleiern verwehten, auf denen das Sonnenlicht in ständig wechselnden, bunten Regenbögen spielte. Diese Wechselwirkung von Wasser, Wind und Sonne hatte etwas Magisches.

Auf einer Landspitze in der Nähe unseres Lagers hatte das Eis einen 7 m hohen Obelisk aufgetürmt, den ich erkletterte, während Mike fotografierte. Als ich mich oben festklammerte, blieb mein Blick an einem weißen Fleck hängen, der sich einige hundert Meter entfernt, entlang einer Bodenwelle über dem Strand, mit dem Tempo eines schnellen Wanderers auf uns zubewegte. Es war einer der größten Eisbären, die ich jemals gesehen hatte, vielleicht eine halbe Tonne furchteinflößender Muskeln, verpackt in bedrohliche Geschmeidigkeit und Eleganz. Im Fernglas beobachteten wir ihn.

Mike beschloß, für eine Nahaufnahme des Tiers die Bodenwelle zu erklimmen, und da er sich die Flinte über die Schulter geworfen hatte, folgte ich ihm auf den Fersen. Als wir mit dem Bär auf gleicher Höhe waren, bereitete er sich gerade auf ein Schläfchen vor. Dazu kratzte er sich eine Kuhle in den weichen Boden und legte sich hinein, das Hinterteil dem Wind zugekehrt. Langsam und vorsichtig krochen wir näher, blieben jedoch nicht unbemerkt. Mit einem unwirschen Grunzen sprang der Bär auf, war aber seiner Sache nicht ganz sicher, weil wir in Lee von ihm standen. Nachdem er kurz zu uns herübergeäugt hatte, trottete er durch das Geröll zum Strand. Dort galoppierte er dicht am Wasser entlang, gut getarnt vor der weiß schäumenden Brandung, so lange nach Lee, bis ihm der Wind unsere Witterung zutrug. Nun schien er es auf unser Zelt abgesehen zu haben. In Sorge um unseren kostbaren Proviant und die unersetzliche Ausrüstung, rannten wir ihm nach, obwohl wir uns trotz der Flinte ziemlich wehrlos fühlten. Zum Glück schien der Bär jedoch zu dem Schluß zu kommen, daß wir Wesen waren, die man fürchten mußte, und schlug einen Haken in Richtung Wasser. Spritzend warf er sich hinein und schwamm mit kräftigen Bewegungen seewärts. Wir rannten zum Ufer, aber für eine gute Aufnahme war er schon zu weit draußen.

Am nächsten Tag, dem 4. August, hatten wir Landregen, einen steifen Ost und nur 4° C, deshalb verkrochen wir uns ins Zelt. Ein ganzer Tag in einer so winzigen Behausung wie der unseren kann sich elend hinziehen. Wenn man längere Zeit sitzt, tut einem der Rücken weh, weil man sich nirgends anlehnen kann. Also legt man sich hin und stützt sich auf einen Ellbogen, aber nach einer Weile schmerzt auch der, und am Ende wird jede Stellung zur Qual. So verbrachten wir einen zutiefst deprimierenden Tag. Das Regendach bekam undichte Stellen, deshalb begann Wasser durch unsere innere Schutzhülle zu tropfen. Wir lasen, schliefen und lasen wieder. Ich begann mit *Adrift,* was mich unsere augenblickliche Unbequemlichkeit im Vergleich dazu wenigstens in günstigerem Licht sehen ließ.

Bis Pond Inlet war noch ein weiter Weg, und uns blieben nicht mehr viele Tage. Im Lancaster-Sund mußten wir mit dem starken Schwell und dem anhaltenden Starkwind der offenen See rechnen; schon eines von beiden konnte unser Vorankommen ernsthaft beeinträchtigen. Das höchste, was PERCEPTION halbwegs bewältigen konnte, waren Seen von 4 m und Windgeschwindigkeiten um 40 km/h.

Immer wieder mußten wir das Zelt verlassen, um die verkrampften Muskeln zu strecken, und bei einer dieser Gelegenheiten fiel mir auf, daß sich während des Regentages an dem Felshang hinter unserem Lager viele neue Wasserfälle gebildet hatten. Das Rinnsal neben unserem Zelt war auf dreifache Größe angeschwollen und hatte bis zum Abend den Kiesstrand so weit weggespült, daß es mit einem breiten Bett in die See mündete. Wenn Nordwind mit dem entsprechenden Seegang aufkam, mußte die Brandung das Bachbett schnell füllen, und dann würde sich hier bald ein neues Delta entwickeln.

Am nächsten Morgen schöpften wir neue Hoffnung. Als ich um 06.00 Uhr erwachte, hatte der Wind nachgelassen, obwohl er uns immer noch aus Ost direkt ins Gesicht wehte; aber die See hatte sich beruhigt, so daß wir wenigstens segeln konnten. Trotzdem war ich noch so lethargisch, daß ich wieder in meinen Schlafsack kroch, um noch ein paar Minuten Wärme zu tanken.

Um 07.30 Uhr jagte mich das schlechte Gewissen endlich aus den Federn, und wir begannen das Lager abzuschlagen. Über Funk erreichte ich Resolute, bekam aber keinen neuen Wetterbericht. Auch gut. Wir verließen uns ohnehin vor allem auf unsere Augen.

Um 09.30 Uhr waren wir auf dem Wasser und stellten kurz danach fest, daß unser Steuerbordschwert klemmte; ein Stein blokkierte den Schwertkasten. Solch ein Hindernis während der Fahrt zu entfernen, war immer ein heikler Job. Mike beugte sich über Bord, bis sein Gesicht nur wenige Zentimeter über dem Wasser hing, und griff mit bloßer Hand von unten in den Schlitz. Mit unserem Tauchermesser bekam er den Stein schließlich heraus, aber mittlerweile war seine Hand vor Kälte völlig taub. Er mußte sie mehrere Minuten lang massieren und schütteln, bis das Gefühl in die Finger zurückkehrte.

Zum erstenmal bekamen wir jetzt den gewaltigen Atem des offenen Ozeans zu spüren: Über die ganze Breite der Baffin Bay marschierten seine mächtigen grünen Seen von Grönland, das 700 km entfernt im Osten lag, in den Sund herein. Die haushohen, steilen Wellen und die leichte Brise ergaben zusammen ausgesprochen unangenehme Bewegungen für unseren kleinen Katamaran. Mike und ich fühlten bald die ersten Symptome der Seekrankheit.

Während Mike steuerte, kramte ich in einem wasserdichten Sack nach den Armbändern, die wir zum Ausprobieren mitgenommen hatten. In die Innenseite dieser elastischen Armbänder ist ein etwa erbsengroßer Knopf eingenäht, der so plaziert werden muß, daß er auf den Tae-Kwon oder Akupressurpunkt drückt, der sich drei Finger breit oberhalb des Handgelenks befindet, zwischen den beiden großen Sehnen auf seiner Unterseite. Ihn zu stimulieren, hilft angeblich gegen Seekrankheit. Bis ich die Armbänder tief unten im Sack endlich gefunden hatte, war mir so schlecht, daß mir nach meiner Ansicht gar nichts mehr helfen konnte. Aber ich streifte sie über, und obwohl mir nicht besser wurde, fühlte ich mich doch wenigstens nicht schlechter und konnte sogar das Frühstück bei mir behalten. Mike erging es ganz ähnlich.

Nachdem wir eineinhalb Stunden gesegelt und nur 5 km weitergekommen waren, beschlossen wir zu landen und unsere Seekrankheit wegzujoggen. Die einzige Stelle, wo der Strand nicht von Brechern gepeitscht wurde, lag in Lee einer kleinen, von einem Schmelzwasserbach angeschwemmten Landzunge. Doch als wir uns diesem winzigen Naturhafen näherten, entdeckten wir zwei Eisbären – eine Mutter mit ihrem etwa zweijährigen Jungen –, die über den Strand zu unserem Landeplatz hinunter trabten. Ich nahm die Fahrt aus dem Boot, weil es mir klüger schien, anderswo zu landen. Aber da Wind und Wellen Perception auf Land zu trieben und die Seekrankheit uns arg zu schaffen machte, beschlossen wir, es lieber mit den Bären als mit der See aufzunehmen.

Als wir die Brandungszone erreichten und ins Wasser sprangen, um Perception an Land zu ziehen, kamen die Bären immer noch auf uns zu, hielten nur hier und da inne, um im Seetang zu schnüffeln. Sie waren wohl vom Packeis vertrieben worden, wo sie das Frühjahr über Robben geschlagen hatten, und mußten nun an Land von kleinen Säugetieren und Vögeln leben – notfalls auch von Menschen, argwöhnte ich.

Ich holte die Flinte heraus, während Mike nach seinen Kameras griff und schnurstracks auf die beiden Bären zuging. Ich hielt mich hinter ihm, weil ich ihn, das Boot und die Bären alle auf ein Bild bekommen wollte. Im Sucher sah es höchst dramatisch aus, wie er sich wartend hinter sein Stativ duckte und die Bären immer näher kamen. Plötzlich aber schlugen sie einen Bogen landeinwärts. Nicht faul, raffte Mike sein Gerät zusammen und rannte ihnen nach. Doch die Bärenmutter mußte Witterung von uns bekommen haben, denn nun legte sie den Schnellgang ein. Mit unglaublicher Leichtigkeit katapultierte sie ihre 350 kg über das Flüßchen und trollte sich, gefolgt von ihrem Jungen, über einen Hügelkamm davon. Wir folgten ihnen noch eine Weile, gaben dann aber auf. Es war klüger, zum Boot zurückzukehren und weiterzusegeln, solange wir noch konnten.

Wir rückten unsere Armbänder zurecht und schoben PERCEPTION durch die Brandung hinaus. Ich hoffte, daß wir uns in kurzen Etappen weiter nach Osten durchschlagen und notfalls an Land gehen konnten, wenn unsere Seekrankheit zu schlimm wurde.

Aber der Ostwind hatte noch zugelegt, und der Seegang war gewalttätiger als je zuvor. Die Kämme der fast zwei Stockwerke hohen Wellen begannen zu brechen, so daß von einem „Grenzfall" nicht mehr die Rede sein konnte: Für uns wurde es eindeutig zu gefährlich hier draußen.

Wir suchten die Küste nach einem Landeplatz ab, doch soweit die Augen reichten, sahen wir nur senkrechte Klippen und tobende Brandung. Ganz offensichtlich blieb uns keine andere Wahl, als zu dem kleinen Naturhafen zurückzusegeln, den wir gerade verlassen hatten. Die Kehrtwendung war ein vertracktes Manöver, aber kaum war sie geschafft, wurde unsere Welt sofort freundlicher: Der Wind beutelte uns nicht mehr, heulte uns auch nicht mehr in den Ohren, und die See hörte auf, uns mit ihrer Gischt zu überschütten. Aber es war immer noch aufregender als in jeder Achterbahn, vor dem Wind auf so enormen Wellen zu surfen.

In der Nacht wachte Mike um 03.00 Uhr auf und sah die Sonne zum erstenmal in diesem Sommer zur Gänze hinter den Horizont sinken.

Der Ostwind wehte sich am nächsten Tag, dem 6. August, erst recht ein und erreichte in Spitzen 70 km/h. Nachmittags rissen einige besonders bösartige Böen Tang und sogar Steine vom Strand hoch und bewarfen damit unser Zelt. An Segeln war überhaupt nicht zu denken.

Plötzlich knickte eine Zeltstange aus Aluminium um, brach ab und durchbohrte das Gewebe. Aus Sorge, der Wind könne hineinfassen und den Riß noch vergrößern, schlugen wir das Zelt ab und versuchten den Schaden zu reparieren, während uns Sand, Tang und bald auch Regen um die Ohren peitschten. Das graue Klebeband, das wir für solche Notfälle dabei hatten, wollte auf dem nassen Nylon nicht halten; Mike schlug vor, es anzunähen. Aber das ging nur mit bloßen Fingern, und binnen kurzem schmerzten unsere Hände vor Kälte. Wir brauchten zwei Stunden für diese kleine Reparatur, und am Ende bot der Flicken mit seinen großen, unbeholfenen Stichen in fünf verschiedenen Farben keinen schönen Anblick. Aber er schien zu halten. Wir schienten die gebrochene Zeltstange und bauten das Zelt im Schutz der Flußböschung wieder auf, etwa 100 m von unserem Boot entfernt. Sobald es mit Steinen gut beschwert war, trotteten wir durch den kalten Dauerregen zu PERCEPTION hinunter, um sie aus der Reichweite der wütenden Brandung zu ziehen und an einem großen Felsen festzumachen. Das dauerte einige Zeit, weil wir ihr erst die Gleitschuhe unterschnallen mußten, ehe sie sich widerwillig in Bewegung setzte. Als wir endlich wieder ins Zelt kriechen konnten, waren wir in jämmerlicher Verfassung: alle Sachen trieften, sogar meine beiden Sockenpaare, und der Zeltboden war pitschnaß.

Nach einem warmen Abendessen ging es uns etwas besser. Um 21.00 Uhr meldete Mike unseren Standort nach Resolute und bekam von dort einen Wetterbericht. Er fragte nach den anderen Booten, die sich durch die Passage kämpften, und die Funkerin sagte, sie hätte Nachricht von VAGABOND. Ihre erste Ortsangabe war wegen atmosphärischer Störungen nicht zu verstehen, aber die zweite lautete eindeutig: „Thule, Grönland". Das traf mich hart – die Franzosen waren uns also zuvorgekommen! Mike bat um eine Wiederholung der Durchsage, und die Sprecherin spezifizierte: VAGABOND III war in Thule, VAGABOND II, unsere alte Bekannte, lag nach wie vor in Gjoa Haven an Land und wartete jetzt darauf, daß ein Bulldozer repariert wurde, damit sie zu Wasser gelassen werden konnte. Also waren wir immer noch im Rennen, und zwar an erster Stelle. Aber wie lange noch, wenn uns das Wetter weiterhin auf diesem vermaledeiten Strand festnagelte?

Auch am nächsten Tag ließ der Sturm nicht nach, und unsere Niedergeschlagenheit nahm entsprechend zu. Inzwischen kannten wir alle mitgebrachten Bücher auswendig und konnten nichts anderes tun, als uns in den Schlafsäcken halbwegs warm zu halten. Am Morgen darauf hatte sich das Wetter immer noch nicht gebessert, und ich konnte den alten Polarforschern allmählich den hochgradigen Frust nachfühlen, der sie gepackt hatte, wenn das Eis sie hier oben monate-, ja sogar jahrelang an einen Ort fesselte: Zum Beispiel John Ross, der während des ganzen Sommers 1830 nur knapp 1 km zurückgelegt hatte, und Franklin selbst, der in der nach ihm benannten Straße zwei Jahre lang eingeschlossen gewesen war, bis seine Männer zuletzt verzweifelt ihre Schiffe aufgaben.

Am späteren Vormittag sahen wir die beiden Eisbären wieder, als sie weiter oben am Strand im Seetang wühlten. Mike, der aus diesem Tag wenigstens *ein* Erfolgserlebnis herausholen wollte, schnappte sich Kameras und Flinte und maschierte in ihre Richtung. Am Fluß entkleidete er sich und watete mit nacktem Unterkörper, ein zu allem entschlossener Fotograf, durch das schenkelhohe, eisige Wasser. Mich schauderte es schon beim Zusehen. Am anderen Ufer zog er sich wieder an und setzte seine Verfolgung zielstrebig fort. Die Bären waren ihm inzwischen recht nahe.

Während ich ihn von unserem Ufer aus beobachtete, zogen Nebelschwaden vorbei und verhüllten die Szene. Als ich Mike wieder sah, kauerte er auf dem Strand hinter seinem Stativ. Die Bärenmutter kam direkt auf ihn zu, er aber schoß Bild nach Bild. Nun war sie nur noch 15 m von ihm entfernt, doch er drückte immer noch wie wild auf den Auslöser. Bei 10 m Abstand machte er ein paar letzte Aufnahmen und griff dann nach der Flinte.

Als Mike sich erhob, zögerte die Bärin einen atemberaubenden Moment lang, während sie überlegte, ob sie angreifen oder fliehen sollte. Dann stellte sie sich auf die Hinterbeine, wirbelte herum und rannte davon. Wie in Zeitlupe wandte Mike sich zu mir um, unterdrückte mühsam einen Triumphschrei und schüttelte mit Siegergeste beide Fäuste über dem Kopf, während der Nebel ihn umwaberte.

Mittags wurde die Sicht besser. Der Wind kam immer noch aus Ost, aber seine Wut hatte nachgelassen. Allmählich sah es so aus, als könnten wir PERCEPTION tatsächlich heute noch zu Wasser bringen. Bis 14.00 Uhr hatten wir uns gegenseitig eingeredet, daß Segeln möglich war; inzwischen waren wir soweit, daß wir vor nichts mehr zurückschreckten. Wir brachen das Lager ab und begannnen, alles an Bord zu verstauen – eine Arbeit, für die wir normalerweise eine gute Stunde benötigten. Kaum hatten wir den elend mühseligen Job erledigt und wollten gerade in unsere Überlebensanzüge steigen, da legte der Wind um einige Stärken zu und heulte uns in Böen mit 60 km/h ins Gesicht.

Schon als Abfahrtsläufer hatte ich oft auf besseres Wetter warten müssen, mich aber nie daran gewöhnen können. Eher war ich im Lauf der Jahre noch ungeduldiger geworden. Schon damals kam es mir so vor, genau wie jetzt, als hätte die Natur menschliche Züge und stelle mich absichtlich auf die Probe. Automatisch reagierte ich darauf mit dem Impuls, mich zu wehren und zurückzuschlagen. Im Gegensatz zu mir akzeptierte Mike die wechselnden Launen der Natur als gegeben und hielt eine kämpferische Auseinandersetzung für absurd.

Zwei Stunden marschierten wir am Strand auf und ab oder suchten Schutz hinter der Flußböschung, um uns etwas aufzuwärmen. Während wir warteten, begann es wieder zu regnen. Die See ging immer höher und bekam weiße Schaumstreifen.

Schließlich fanden wir uns damit ab, daß wir diesen Landeplatz auch heute nicht verlassen konnten, und machten uns erneut an die Prozedur des Abladens und Lageraufbaus, während der Regen auf uns niederprasselte und der Sturm uns umtobte. Bald stand das Zelt wieder an seinem alten Platz im Schutz der Flußböschung.

Zum erstenmal riskierten wir es, den kleinen Kocher im Zelt anzuzünden, in der Hoffnung, daß seine Hitze unsere pitschnasse Kleidung und Ausrüstung ein bißchen trocknen würde.

Als das Wasser für unser Abendessen fast kochte, bemerkte ich eine Änderung im Rauschen des Flüßchens und spähte hinaus.

Unser Zelt stand schon beinahe im Wasser, das durch den Regen kräftig gestiegen war. Bis wir unser Ölzeug übergezogen hatten, stand das Wasser bereits zentimeterhoch im Zelt. Ich reichte Mike den Kocher hinaus, und dann zogen wir mit Sack und Pack um, 15 m weg von dem angeschwollenen Fluß. Dort waren wir dem Sturm natürlich viel schutzloser ausgesetzt, deshalb mußten wir während der Nacht abwechselnd in regelmäßigen Abständen nach draußen kriechen, um die Stützleinen nachzustecken, mit denen wir das Zelt an den größten Felsen, die wir finden konnten, gesichert hatten.

Am 9.August konnten wir Perception endlich bei mäßigem Seegang, guter Sicht und leichtem Nordost ins Wasser schieben und lossegeln. Den ganzen Tag wechselten an der Küste tiefe Gletschertäler mit spektakulären Felswänden ab, deren blendend weiße Kronen verrieten, daß der uns so lästige Regen oben auf dem 300 m hohen Plateau als Schnee gefallen war.

Jedes Tal, an dem wir vorbeikamen, eröffnete uns einen weiten Ausblick auf die grünen Wellen der Tundra und die schneebedeckten Berge dahinter: Landschaften von unvergleichlicher Schönheit. Nur einmal machten wir halt, um unsere rebellierenden Mägen zu beruhigen und etwas Kraftfutter zu kauen, denn wir hofften immer noch, die ganz Nacht durchsegeln und den Sprung bis zum Admiralty Inlet schaffen zu können. Aber um Mitternacht wurde der Wind launisch und schlief schließlich ganz ein. Wir fanden uns damit ab, daß wir erst auf eine günstige Brise warten mußten, ehe wir diese Fjordmündung überqueren konnten, die für uns die letzte größere Strecke ungeschützten Wassers auf unserer Reise war. In Sichtweite von Kap Crawford zogen wir Perception einige Meter weit in ein ausgetrocknetes Flußbett hinein, entrollten unsere Schlafsäcke auf dem Trampolin und krochen dankbar in ein warmes Nest.

Morgens krachten die Brecher mit solcher Gewalt auf den Strand, daß Perception in der Brandung mit Sicherheit zerschlagen worden wäre. Also verschoben wir den Start, packten einen Imbiß ein, zogen unsere nassen Wanderstiefel an und marschierten zum 4 km entfernten Kap Crawford, um uns dort die Verhältnisse anzusehen. An der Ostseite des Kaps war die Brandung sogar noch fürchterlicher als an unserem Strand. Wir begriffen, daß wir uns wieder einmal auf eine längere Wartezeit gefaßt machen mußten.

Um das Beste aus dem erzwungenen Aufenthalt zu machen, erkundeten wir den Küstenstrich zu Fuß und stießen bald auf eine alte Inuitsiedlung. Das dicke, schwammige Moos unter unseren Sohlen war in weitem Umkreis übersät mit den gebleichten Schädeln, Wirbelsäulen, Rippen und anderen Knochen der Buckelwale und Robben. Augenscheinlich war die Gegend früher ein ertragreiches Jagdgebiet gewesen, das vielen zufriedenen Inuitgenerationen die Bäuche gefüllt hatte. Jetzt stellte ihre Hinterlassenschaft nur mehr einen guten Dünger für die Vegetation dar.

Manche Schädel schienen mehrere hundert Jahre alt zu sein, doch als ich den Platz absuchte, fand ich einen Beweis dafür, daß er auch in jüngster Zeit bewohnt gewesen war. Halb überwuchert von dem üppigen grünen Moos, lag da ein kleines rotes Feuerwehrauto. Obwohl ziemlich lädiert, konnte es immer noch fahren. Das war ein derart überraschender Fund, daß er mir unwillkürlich ans Herz griff: Gerührt dachte ich an das unbekannte Inuitkind, das hier sein kostbares Spielzeug zurückgelassen hatte.

13. KAPITEL

„Meine Geduld war fast zu Ende,
und ich verfluchte diesen mörderischen Ozean,
der schon so oft versucht hatte,
uns das Lebenslicht auszublasen.“

Als der Morgen kam, fand er Mike und mich am Strand stehen, wo wir beobachteten, wie die gewaltigen Brecher donnernd gegen das Land anrannten und sich daran zu nichts zerrieben. Der Wind war schwach, Nebel reduzierte die Sichtweite auf wenige hundert Meter.

Wir zählten mit...sechs, sieben, acht...In der Reihenfolge, wie die Brecher gegen den Strand stürmten, schien eine gewisse Systematik verborgen zu sein. Eine Gruppe rollte in regelmäßigen Intervallen heran, dann folgte eine Pause bis zur Ankunft der nächsten Gruppe. Falls eine dieser mächtigen Seen über PERCEPTION brach, wenn wir sie durch die Brandung schoben, mußte sie binnen Sekunden zu Treibholz zerschmettert werden. Was aber, wenn wir die kurze Pause zwischen den Wellensystemen abwarteten und dann wie verrückt paddelten, um soviel Abstand vom Strand zu gewinnen, daß uns die Brecher nicht mehr zurückwerfen konnten?

Das Funkgespräch am letzten Abend hatte uns drastisch vor Augen geführt, daß wir so schnell wie möglich weitersegeln mußten. Dies war der 17. Tag unserer diesjährigen Sommeretappe. Schon in drei Tagen würden Dad und einige unserer Sponsoren in Pond Inlet landen, einer kleinen Siedlung, die das symbolische, wenn schon nicht das tatsächliche Ende unserer Expedition darstellen sollte. Und das Videoteam wurde bereits so kribbelig, daß es sogar vorgeschlagen hatte, unsere Ankunft dort zu simulieren, wo wir jetzt waren, damit sie ihre Aufnahmen in den Kasten bekamen und heimfliegen konnten, um sie nach Belieben zu schneiden.

Keiner von ihnen kannte die Arktis, und alle zusammen fühlten sich hier oben äußerst unbehaglich. Natürlich lehnten Mike und ich es sofort ab, das Ende unserer Reise vorzutäuschen, und die ohnehin nur halbherzig vorgebrachte Idee wurde fallengelassen. Wir aber konnten einfach nicht verstehen, daß jemand die einmalige Chance, in der von uns so geliebten Arktis zu filmen, nicht zu schätzen wußte und so schnell wie möglich heimfliegen wollte.

Immer noch sahen wir der Brandung zu und zählten. Konnten wir es schaffen? Mike war optimistisch, ich weniger. Endlich kam ein leichter Nordwest auf, und diese geringe Ermutigung reichte, mich umzustimmen. Ich erklärte mich einverstanden, den Versuch zu wagen.

Wir schoben PERCEPTION in den Fluß und lenkten sie zum Strand hinunter, wobei wir sie in der starken Strömung mit aller Kraft zurückhalten mußten. An der Mündung in hüfthohem Wasser stehend, jeder auf einer Seite des Bootes, drehten wir ihre Steven gegen Wind und Wellen. Aber die addierten Gewalten von Brandung und Flußströmung machten es uns praktisch unmöglich, das Boot zu beherrschen. Nach kurzem Kampf gaben wir auf und schoben es auf den Strand zurück, um noch einmal über die Zweckmäßigkeit unseres Vorhabens nachzudenken. Vom Ufer aus wirkten die Brecher riesengroß. Eines war gewiß: Falls wir es schafften, das Boot zu Wasser zu bringen, gab es kein Zurück mehr, wenn etwas schiefging. Nur *ein* mißglückter Landeversuch in dieser Brandung, und wir wurden zu Kleinholz zerschlagen. Schon beim bloßen Gedanken an einen derartigen Unfall so kurz vor dem Ende unserer Reise bekam ich weiche Knie.

Trotzdem – wir waren nun schon zu weit, um noch aufzugeben. Ein letztes Mal besprachen wir unseren Schlachtplan, vergewisserten uns, daß alles an Bord gut festgezurrt war, dann schoben wir PERCEPTION wieder hinunter zum Wasser. Wir warteten eine Gruppe 3 m hoher Brecher ab, in der Pause danach schrie ich: „Jetzt!“, und wir rannten los.

Wie Bobfahrer beim Start stemmten wir uns jeder auf seiner Seite gegen die Rümpfe und schoben den Kat unter Aufbietung aller Kräfte über den Kieselstrand tiefer ins Wasser. Als es uns bis zur Mitte reichte, zogen wir uns an Bord und begannen zu paddeln, als seien uns alle Teufel der Hölle auf den Fersen. Quälend langsam, Meter für Meter, kam PERCEPTION von der Küste frei. Unter den unförmigen Trockenanzügen waren wir bald schweißgebadet. Direkt voraus schälte sich ein riesiger, grau-weißer Eisberg aus dem Nebel; drohend wie der Schemen eines Schlachtschiffs trieb er in der Strömung.

Die nächste Gruppe von Wellen rollte auf uns zu, nahm uns auf den Rücken und ging unter uns durch. Kein einziger Kamm brach über uns – wir hatten den richtigen Moment abgepaßt. Immer noch paddelten wir fieberhaft, aus Angst, die Seen könnten uns wieder zurückwerfen. Schmerzlich vermißten wir den Wind, der unsere Segel gefüllt und das Boot stabilisiert hätte; so dauerte es nicht lange, bis wir durch die konfusen Bewegungen wieder seekrank wurden. Das Weiterpaddeln fiel mir immer schwerer, und in meinem Elend sah ich bald nicht mehr ein, warum wir uns bei Flaute mit diesem höllischen Seegang herumschlagen sollten.

Eine schier endlose, kotzüble Stunde verging, bis endlich eine leichte Brise aufkam. Halb paddelnd, halb segelnd, begannen wir Fahrt in Richtung Kap Crawford aufzunehmen. Wir hielten uns wohlweislich so weit draußen, daß uns die mörderische Brandung nicht mehr gefährlich werden konnte. Der Wind legte immer mehr zu, und bald segelten wir ostwärts in die nebligen Gewässer des

Admiralty-Fjords hinein, immer noch seekrank, aber dennoch relativ guter Laune.

Vor uns lag der ungeschützte, rund 50 km breite Fjordausgang. Falls wir die augenblickliche Fahrt beibehalten konnten, würden wir mindestens vier Stunden für seine Überquerung brauchen. Der Seegang erreichte schon jetzt das äußerste, womit PERCEPTION gerade noch fertigwerden konnte, und vor allem schienen die Wellen aus allen vier Himmelsrichtungen zugleich über uns herzufallen. Das Boot unter Kontrolle zu halten, wurde immer schwieriger. Würde die See noch gröber werden? Lieber nicht daran denken. Wir stiegen in unsere Mustang-Überlebensanzüge, Mike stellte sich als Ausguck auf das bockende Trampolin, hielt sich an Mast und Wanten fest, ich steuerte vom Backbordrumpf aus – und so segelten wir in den Nebel hinein. Ein wilder Ritt stand uns bevor.

Schnell versank das Kap hinter uns in Dunst und Nebelnässe, und wir kämpften in der kochenden See um unser Leben. Ich konnte beim besten Willen nicht vorhersehen, aus welcher Richtung die nächsten Wellen kommen würden, ich merkte nur, daß ihre Kämme jetzt überbrachen und uns eisiges Spritzwasser um die Ohren peitschte. Ich schätzte die Höhe der Wellen auf 5 m, wobei der letzte Meter oben brach, wenn sie so laut wie ein fahrender Güterzug an uns vorbeidonnerten. Die Böen erreichten jetzt 50 km/h. Mit aller Kraft klammerten wir uns fest – zum Glück, denn ohne Vorwarnung explodierte eine Wand aus Wasser über uns und riß mich fast von meinem Platz am Heck. Wäre ich über Bord gegangen, hätte Mike bei diesem Wetter niemals halsen und mich auffischen können. Durch das Tosen brüllte er mir zu: „Halt durch! Du machst das toll!“

Plötzlich wurde mir bewußt, daß mir die Sache trotz allem wahnsinnigen Spaß machte. Bei extremem Streß konzentriert man sich mit höchster Intensität auf die Bewältigung der jeweiligen Situation. Alle Sinne sind darauf gerichtet, eine Katastrophe zu vermeiden. In solchen Momenten lebt man am intensivsten.

Zwei schier endlose Stunden ließen wir uns mit einem Kloß im Hals auf dieser maritimen Achterbahn durchschütteln, dann lichtete sich der Nebel, und wir sahen Land voraus. Wegen der nun besseren Sicht erkannten wir aber auch zum erstenmal das volle Ausmaß der Seen, die unter uns durchrauschten. Mike rollte die Fock ein, damit sich PERCEPTION nicht in den gläsernen Berghängen festrannte, und ich sagte mir immer und immer wieder: „Konzentriere dich. Mach keine Fehler. Du schaffst es."

Und dann, als uns nur noch 10 km dieser aufgewühlten See von Land trennten, blieb der Wind plötzlich weg wie abgeschnitten. Es wehte nicht einmal mehr das schwache Lüftchen, das PERCEPTION brauchte, um Ruderfahrt zu machen. Nun wurde sie vollends zum Spielball der konfusen Seen: Der Mast peitschte von einer Seite auf die andere, der Baum mit dem Großsegel schlug wild hin und her, und die Belastung des Riggs wurde so enorm, daß wir uns fragten, wann es von oben kommen würde. Weil ich das Boot nicht mehr mit dem Bug in der See halten konnte, bestand akute Kentergefahr. Außerdem wurden die drohenden Klippen vor uns mit jeder Minute höher, und nichts konnte uns bei Flaute davor bewahren, an ihrem Fuß zerschmettert zu werden.

Am schlimmsten aber war die demoralisierende Seekrankheit, die uns bei den von keiner Brise gebremsten Irrsinnsbewegungen des Bootes jetzt wieder schwer zu schaffen machte. Ich blickte auf und sah Mike, der sich mit kalkweißem Gesicht am Mast abstützte.

„Manchmal kippe ich um, bevor ich kotze", warnte er mich.

Na großartig, dachte ich. Was mache ich dann?

Er übergab sich aufs Trampolin, das die See bald wieder sauberwusch. Dann grinste er mich belämmert an; wenigstens war er nicht ohnmächtig geworden. Ich spürte, daß mir der ominöse kalte Schweiß auf Rücken und Nacken ausbrach, doch unter Aufbietung aller Willenskraft schaffte ich es, meinen Mageninhalt bei mir zu behalten.

Noch eine Stunde quälten wir uns, dann kam wieder Wind auf, und wir konnten bis zum Ostufer des Admiralty-Fjords segeln. Am ersten halbwegs geeigneten Landeplatz zogen wir PERCEPTION auf den Strand und betraten wieder festen Boden, mit wackligen Beinen zwar, aber dankbar, daß wir überlebt hatten.

Seit zehn Stunden hatten wir nichts gegessen und fühlten uns schwach und unterkühlt. Während eine warme Mahlzeit im kochenden Wasser garte, rannten und sprangen wir am Strand auf und ab, um unseren erstarrten Kreislauf wieder in Schwung zu bringen. Wie stets hatte das warme Essen eine wundersam belebende Wirkung auf uns, so daß wir drei Stunden später wieder an Bord saßen und PERCEPTION vor einem frischen Nordwest über die jetzt mäßig bewegte See steuerten. Erneut war Nebel aufgekommen, was bedeutete, daß wir hin und wieder einen Schlag auf Land zu machen mußten, um die Orientierung nicht zu verlieren. Das beeinträchtigte natürlich unser Vorankommen. Aber wir waren darauf eingerichtet, die ganze Nacht durchzusegeln, falls der Wind günstig blieb, denn wir wollten die geschützten Gewässer des Navy Board Inlet erreichen, bevor wieder Sturm aufkam. Von dort war es nur ein relativ einfacher Törn nach Pond Inlet hinunter, wo unser Empfangskomitee wartete.

Doch so leicht wurde es uns nicht gemacht. Als wir uns gegen 01.00 Uhr dem Kap Joy näherten, flaute der Wind ab und blieb schließlich ganz weg. Wir zogen PERCEPTION an Land, schlugen am Strand unser Lager auf und waren gegen 02.00 Uhr fest eingeschlafen.

Um 08.00 Uhr piepte mein Wecker, aber es herrschte immer noch Flaute, und dicker Nebel hatte die Sichtweite auf wenige Meter reduziert. Als ich wieder in meinem Schlafsack lag, noch todmüde und frustriert wegen des launischen Wetters, dachte ich zur Ablenkung an die wunderbare Rettung des alten John Ross am 26. August 1833, nur wenige Kilometer östlich unseres Lagers.

Bei der Suche nach der Nordwestpassage waren Captain Ross und seine Royal-Navy-Crew im Boothia-Golf *vier Jahre* lang vom Eis eingeschlossen gewesen. Schließlich gaben sie ihr Schiff auf und treckten über Land zum Fury Beach auf Somerset Island, um sich dort aus einem für Notfälle angelegten Vorratslager zu bedienen, das auch drei Walfang-Dories enthielt. In diesen offenen Booten segelten sie durch den Prince-Regent-Fjord in den Lancaster-Sund hinaus. Aber das Pech blieb ihnen treu bis zum Schluß: Als sie endlich die Segel eines Schiffes sichteten, irgendwo in der Nähe unseres augenblicklichen Standorts, spielte der Wind ihnen so übel mit wie jetzt uns. Obwohl sie sich mit einer letzten großen Anstrengung in die Riemen legte, konnte die halbverhungerte, abgerissene Crew das Schiff nicht erreichen; seine Segel verschwanden hinter der Kimm, und die Verzweiflung der Schiffbrüchigen bei diesem Anblick übersteigt unser Vorstellungsvermögen.

Aber vier Stunden später sichteten sie ein zweites Schiff, und dieses konnten sie einholen. Der Kommandant traute seinen Augen nicht, denn Ross und seine Männer galten schon seit zwei Jahren als tot.

„Ich überzeugte ihn mit Leichtigkeit", schrieb Ross später, „daß das, was er für die Wahrheit gehalten hatte, nur eine etwas voreilige Schlußfolgerung war."

Das Erstaunlichste an der ganzen Sache: Dank Ross' hervorragender Führerschaft und der freundlichen Hilfe einheimischer Inuit waren während des vierjährigen Martyriums aus der 22köpfigen Besatzung, mit der er von England aufgebrochen war, nur drei Mann umgekommen.

Gegen 13.00 Uhr hatte die Sonne den Nebel fast ganz aufgesaugt und ein leichte Brise aus Nordwest geweckt. Mike und ich stießen vom Strand ab und segelten langsam über den Ausgang des Admiralty-Fjords zum Kap Joy. Im Norden sahen wir die gewaltigen weißen Gletscher von Devon Island leuchten. Vor uns zogen majestätische Eisberge dahin, manche gut 20 m hoch und geformt wie eine Kathedrale.

Nach einem kurzen Zwischenstopp an Land, bei dem wir aus einem Gletscherbach unseren Trinkwasservorrat ergänzten, sahen wir während des Hinauskreuzens einen Eisbär den Abhang herunterkommen, mit dem die Tundra in den Strand überging. Er platschte durch den Bach und blieb plötzlich wie versteinert stehen, als er die Stelle erreichte, wo ich wenige Minuten zuvor gekniet und unsere Wasserkanister gefüllt hatte. Unsere Witterung versetzte ihn so in Panik, daß er den Strand hinuntergaloppierte und sich ins Wasser warf.

Mike wollte ihn unbedingt fotografieren, also wendete ich und hielt auf den schwimmenden Bären zu. Da wir in der Fastflaute aber kaum Fahrt machten, ließ er uns mit Leichtigkeit hinter sich.

Außerdem hielt ich nicht viel von der Idee, mit einem Eisbär Fangen zu spielen, der schneller und wendiger war als wir. Aber Mike hatte natürlich recht, Boot und Bär hätten ein tolles Motiv abgegeben.

Einige Stunden lang kamen wir nur so langsam voran, daß uns eine Ente zu Fuß überholt hätte. Wir vertrieben uns die Langeweile mit Wortspielen und einem Quiz über die Höhe der Eisberge. Um 17.30 Uhr rundeten wir Kap Joy und erreichten drei Stunden später Kap York auf der anderen Seite des Admiralty-Fjords. Inzwischen froren wir bis ins Mark und hatten einen Bärenhunger, deshalb landeten wir neben der Mündung eines kleinen Baches und kochten Abendessen.

Knapp zwei Stunden später waren wir wieder auf dem Wasser, denn wir wollten unbedingt den Schutz des nur 25 km entfernten Navy Board Inlet erreichen, bevor wieder Grönlandschwell aufkam und uns plagte. Aber wir waren erst 5 km weit gesegelt, als der Wind uns im Stich ließ und steile Felswände am Ufer uns klarmachten, daß wir besser landen sollten, solange wir's noch konnten. Wieder fanden wir ein kleines Bachbett mit einem flachen, steinigen Strand, und dort rollten wir für die Nacht unsere Schlafsäcke aus. Hinter uns plätscherte der Bach durch eine große Höhle, die er ins Vorjahreseis gewaschen hatte.

Nieselregen im Gesicht weckte uns um 05.30 Uhr am nächsten Morgen, dem 13. August. Wir krochen nur lange genug aus unseren warmen Gore-Tex-Säcken, um ein provisorisches Regendach aus Überzelt und Stangen zu errichten. Als wir um 09.00 Uhr zum zweitenmal aufstanden, reichte der schwache Wind kaum aus, unseren Hobie Cat zum Laufen zu bringen. Außerdem schickte uns Grönland, wie befürchtet, wieder seinen gewaltigen Schwell entgegen.

In der Mühle des 3 m hohen Seegangs herumtorkelnd, kamen wir fast überhaupt nicht voran und wurden wegen der scheußlichen Bootsbewegungen bald wieder seekrank. Der ohnehin schon schwache Wind legte regelmäßige Pausen ein, dann mußten wir paddeln, um nicht an die Küste zu treiben, wo die Brandung gegen die senkrechten grauen Felswände donnerte.

Meine Geduld war fast zu Ende, und ich verfluchte diesen mörderischen Ozean, der schon so oft versucht hatte, uns das Lebenslicht auszublasen.

Frierend, seekrank und hungrig fanden wir am frühen Nachmittag endlich einen Landeplatz, um unsere müden Lebensgeister mit warmem Essen und Freiübungen zu wecken. Das Anlanden war schwierig gewesen. Wir mußten die richtige Welle abpassen und uns dann von ihr, wie wild paddelnd, zum Strand tragen lassen. Sowie sie uns absetzte, schoben wir PERCEPTION sofort aus der Reichweite der lebensgefährlichen Brandung, die hinter uns viele Tonnen Wasser auf den Strand warf. Der Start eine Stunde später war um keinenDeut leichter, und diesmal erwischte uns ein Brecher, als wir uns an Bord zogen und zu paddeln begannen. Zum Glück war er höchstens 2 m hoch und richtete weiter keinen Schaden an, außer daß er Mike und mich durchweichte; aber nicht mal das machte uns noch viel aus, denn inzwischen war unsere Stimmung schon auf dem Tiefpunkt des Tages angelangt.

Zwei Stunden lang rangen wir dem launischen Nordost Meter um Meter ab, bis er uns ganz in Stich ließ und wir wieder einmal zu den Paddeln greifen mußten, wenn wir nicht stranden wollten. Und dann plötzlich, ohne Vorankündigung, heulte eine wütende Bö heran und brachte dichten Nebel mit. Starkwind jagte PERCEPTION durch den sich schnell aufbauenden Seegang und zerfetzte die Gischtfahnen, die sie mit ihren Vorschiffen aufwarf, wenn sie vom Kamm ins Tal und wieder auf den nächsten Kamm taumelte. Es wehte immer härter. Der Himmel verdunkelte sich, als stünde der Weltuntergang bevor. Ich balancierte achtern auf den letzten paar Zentimetern des Backbordrumpfes, einen Fuß unters Trampolin gehakt, den Pinnenausleger in der Hand, während Mike dicht vor mir saß, den Peitschenschlägen der Gischt voll ausgesetzt. Bei diesem Wetter konnten wir auf keinen Fall irgendwo landen, es gab nur eines: durch! Wir klammerten uns fest, schossen von den Rükken der weißmähnigen Riesen zu Tal, bis PERCEPTIONS Steven sich in grünes Wasser bohrten, beteten um genug Auftrieb und suchten aus brennenden Augen die Küste ab, ob sie nicht endlich nach Süden zurückwich, in den schützenden Navy-Board-Fjord hinein.

Zwei Stunden später konnte ich aufatmend Kurs ändern, denn der Fjord lag vor uns. Aber der Lancaster Sound wollte uns nicht ohne eine letzte Lektion entkommen lassen. Als wir die Landspitze mit ihren hohen Klippen an Steuerbord rundeten, begann die See scheinbar zu kochen, brach von allen Seiten über uns herein und füllte die Luft mit Gischt und ohrenbetäubendem Getöse. PERCEPTION mußte so harte Schläge einstecken, daß ich um ihr Überleben bangte.

Aber dann waren wir endlich im Fjord und zischten mit Höchstfahrt an seinem westlichen Ufer dahin. Auf der Steilküste hoch über uns erkannten wir einige zusammengedrängte Gebäude; wie wir später erfuhren, war das eine von der kanadischen Regierung unterhaltene Station zur Beobachtung der Eisbergdrift, aber auch zur Früherkennung von U-Booten. Von letzteren sahen wir keines, weder ein amerikanisches noch ein sowjetisches, aber Eisberge zum Beobachten gab es hier jede Menge. Wir hatten unsere liebe Not, ihnen im Nebel rechtzeitig auszuweichen.

Dann steuerten wir quer über den Fjord auf Bylot Island zu, und eine Stunde später ragten seine 1500 m hohen Berggipfel über uns auf, obwohl wir des Nebels wegen die Küste noch nicht sehen konnten. Bei unserem flotten Tempo, so rechnete ich mir aus, konnten wir das Ende des Fjords in wenigen Stunden erreicht haben. Halleluja! So behagte mir das Segeln schon besser.

Bei der Annäherung an Bylot konnten wir bald die breiten, kahlen, braungrauen Täler zwischen den schneegekrönten Bergen erkennen und bewunderten die rissigen grauen Gletscher, die ihre Zungen zur See vorstreckten. Das war eine Insel, die sofort neugierig machte, doch ihr Besuch ist nur mit Genehmigung der Regierung erlaubt, denn ihre 11 000 km^2 sind ein Reservat für Schneegänse, Lummen und andere Seevögel.

Noch während wir ehrfürchtig das gewaltige Panorama anstarrten, blieb der Nordost so plötzlich weg, als hätte jemand einen Ventilator abgestellt. Einige Minuten lang torkelten wir hilflos in der toten Dünung, ohne das Boot steuern zu können, und dann – ebenso unvermittelt – kehrte der Wind zurück, aber doppelt so stark und aus der genau entgegengesetzten Richtung wie vorher. Dieser bizarre Streich der Natur kam uns so gespenstisch vor, daß wir beschlossen, trotz des Verbots nach Bylot zu flüchten, sobald sich der Wind halbwegs stabilisiert hatte.

Wir landeten in der Tay Bay gerade rechtzeitig zu unserem für 21.00 Uhr vereinbarten Funkgespräch mit dem Filmteam. Zum letztenmal hatten wir die drei auf Prince Leopold Island gesehen, und nun waren sie, erfuhren wir, nur wenige Kilometer entfernt am Westufer des Fjords. Sie hatten sich über Land mit zwei Inuitführern von Arctic Bay am Admiralty-Fjord hierher durchgeschlagen. Das war eine gute Nachricht; wir hatten seit Resolute so wenig von ihnen gehört, daß ich mich schon fragte, wie sie wohl genug Material bekommen wollten für ihren Film, der schließlich unsere Expedition zum Thema hatte.

Nach einer hastigen Mahlzeit waren wir wieder auf dem Wasser und eilten nach Süden zu unserem Rendezvous mit den Kameraleuten. Gegen 23.00 Uhr hörten wir das ferne Jaulen eines Außenbordmotors, und dann sichtete Mike ihr weißes Boot ziemlich weit voraus. Als wir näherkamen, konnten wir uns davon überzeugen, daß die teure Videokamera des Cinematographen endlich das Motiv einfing, für das sie hergeschafft worden war: unser kleines gelbes Boot. Das Team kam längsseits, und wir begrüßten einander aufgeregt.

„Da seid ihr ja! Endlich habt ihr's geschafft!“ rief der Regisseur.

Mike rief zurück: „Wir wollten euch den ganzen Spaß doch nicht allein überlassen!“

Nicht weit entfernt trieb ein riesiger Eisberg, und ich hielt darauf zu, weil sich das Boot davor im Film prächtig ausnehmen mußte, aber das Team schien nicht sehr daran interessiert, uns zu folgen. Das Licht war ungünstig, behaupteten sie. Ich versicherte ihnen, es sei das beste Licht, das wir den ganzen Tag gehabt hätten. Dann blieb die Kamera ganz stehen, und sie drehten ab, auf ihr Lager zu. Kopfschüttelnd erklärten wir uns bereit, am nächsten Morgen weiter drin im Fjord auf sie zu warten. Denn wenn der Wind durchstand, wollten wir weitersegeln, notfalls die ganze Nacht hindurch.

Schweigend glitten wir vor der leichten Brise weiter nach Süden, und die Eisberge ringsum begannen phantastische Formen anzunehmen: Schiffe, Burgen, Schlösser aus Eis zogen wie weiße Gespenster an uns vorbei. Als sich das bißchen Wind endgültig verabschiedete, landeten wir auf Bylot Island und errichteten unser Zelt auf dem steinigen Strand.

14. KAPITEL

„Wo sind wir hier eigentlich?"

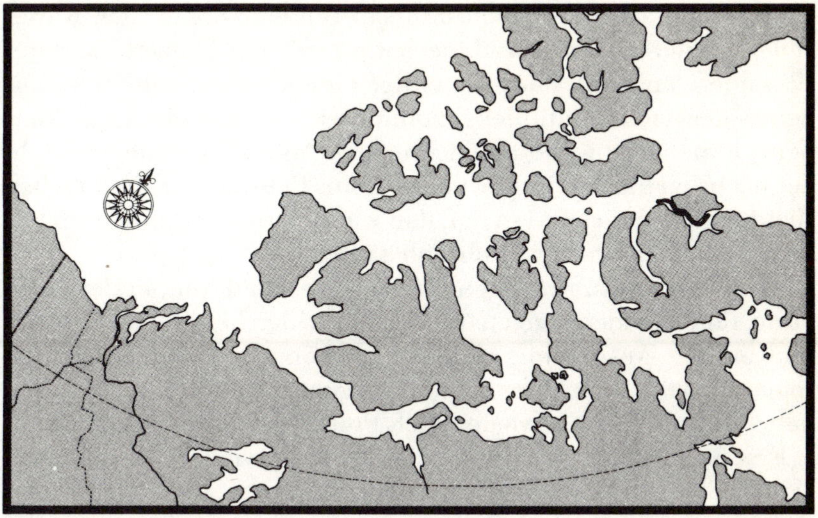

Ein herrlicher Morgen weckte uns mit warmer Sonne und leichtem Wind aus Nordwest. Über Funk sprachen wir mit Pete Jess in Pond Inlet und hörten, daß dort auch Bill Curtsinger von National Geographic eingetroffen war. Er wollte uns entgegenfliegen, um ein paar Luftaufnahmen von PERCEPTION zu machen.

Nach dem Start setzten wir den Spinnaker und furchten in flotter Fahrt das spiegelglatte Wasser des Fjords. Zu unserer Linken gingen drei Täler ab, jedes mit einem schmutzig-weißen Gletscher, der langsam Millionen Tonnen Eis zum Wasser hinunterschob, wo der Abbruch dann die Eisberge kalbte, die an uns vorbeizogen. Ich war schon oft auf Gletschern Ski gelaufen, aber die hier sahen mit ihren tiefen Schrunden und Spalten gefährlich aus.

Auf der Suche nach mehr Wind kreuzten wir weiter in die Fjordmitte hinaus, als wir das Brummen eines Flugzeugs hörten. Weit im Süden erschien ein winziger orangeroter Punkt, hoch über den Gipfeln von Bylot. Ich holte unser Handfunkgerät heraus und sprach die Maschine an.

„Polar Passage ruft Borek Air. Hört ihr mich? Over."

Nach dem dritten Versuch bekam ich Antwort: „Jeff, wir hören dich laut und deutlich."

Das war Pete, und neben ihm saß Bill Curtsinger, den Koffer voller Kameras. Die Maschine hatte noch ein Dutzend anderer Passagiere an Bord, darunter einige Geschäftsleute, die mit meinem Vater nach Pond Inlet gekommen waren, um die Arktis kennenzulernen und wenn möglich unsere Ankunft mitzuerleben. In der nächsten halben Stunde überflog uns Pete aus allen möglichen Richtungen, manchmal so tief, daß wir in seinen Auspuffgasen fast erstickten. Der Krach war ohrenbetäubend.

Als sie fertig waren, flogen sie nach Westen davon, in der Hoffnung, für das Videoteam an der Westküste den bestellten Treibstoff und andere Ausrüstung abliefern zu können. Doch wir hörten später, daß die Twin Otter keinen geeigneten Landeplatz gefunden hatte und vollbeladen wieder nach Pond Inlet zurückgekehrt war.

Erst nachmittags kamen die Fernsehleute wieder in die Gänge. Wir wußten, daß sie knapp an Treibstoff waren, aber viel ernstere Sorgen machte ihnen, daß die Zigaretten für ihre Führer und der Zucker auszugehen drohte. Dieses Team hatte eine Menge Probleme.

Als sie uns schließlich einholten, filmte der Kameramann, wie wir vor einer der spektakulärsten Kulissen der ganzen Reise durch ein Geschwader von Eisbergen kurvten. Das schroffe, eisgefleckte Plateau von Baffin Island lag auf der einen Seite, Bylot mit seinen Gipfeln und Gletschern auf der anderen. Inzwischen war es so warm, daß Mike und ich nicht mal Handschuhe benötigten. Sonnenschein reflektierte von den Abermillionen kleiner Wellen und brachte die See zum Glitzern.

Zuletzt kam der Kameramann mit seiner 60 000 Dollar teuren Videokamera an Bord und filmte Mike und mich von allen Seiten, wie wir Perception bei schönstem Wetter und leichtem Wind über das spiegelglatte Wasser steuerten. Das war zwar alles sehr löblich und notwendig, aber ich befürchtete doch, daß wegen dieser Aufnahmen – übrigens der einzigen ihrer Art – unsere ganze Expedition für das Publikum später wie ein Urlaub im Club Med aussehen würde. Oder erteilte mir die Arktis nur abermals eine Lektion in Bescheidenheit?

Als wir zur Besprechung kurz in einer Bucht landeten, lernten wir die beiden Inuitführer kennen, Moses und seinen Vater. Moses sprach recht gut englisch, doch der Alte verstand kaum ein Wort. Natürlich wollten die beiden so schnell wie möglich zu ihrer Familie in Arctic Bay zurückkehren. Daß Zigaretten und Zucker ausgegangen waren, hob ihre Moral nicht gerade, und das Schlimmste: Sie waren ständig hungrig. Der gefriergetrocknete Proviant des Videoteams behagte ihnen nicht, und es waren schon viele Tage vergangen, seit sie ihre letzte Robbe geschlagen hatten.

Der Regisseur hatte natürlich Verständnis für ihre Beschwerden – zuviel Verständnis, wie mir schien. Er war bereit, sofort nach Pond Inlet zurückzukehren, von wo aus die Inuit ihre Heimreise antreten konnten, obwohl das Team damit auf die beste Gelegenheit verzichtete, Perception und uns in realistischer Aktion zu filmen. Ich fand diese Idee empörend, bemühte mich aber, mir meine Gefühle nicht anmerken zu lassen. Beim Essen versuchten wir, die Gaumen der Inuit mit Traubenzucker im Tee zu kitzeln, aber das wurde nur ein halber Erfolg. Ich tat mein Bestes, um den Enthusiasmus des Videoteams wiederzubeleben – vergeblich. Wahrscheinlich kämpften sie einfach schon zu lange mit den Widrigkeiten dieses manchmal erschreckenden Landes. Am Ende konnten wir die Crew nur dazu überreden, wenigstens zu bleiben, bis wir für die Nacht unser Lager aufschlugen. Falls der Wind mitspielte, wollte ich das aber so lange wie möglich aufschieben.

Im Augenblick herrschte zwar Flaute, aber Mike und ich schoben, um ein gutes Beispiel an Tatkraft und Kampfgeist zu geben, Perception ins Wasser und begannen zu paddeln. Binnen kurzem kam ein leichter Nordost auf, wir konnten den Spi setzen und auf die Fjordmitte zuhalten, wo ein bißchen mehr Wind wehte. Bald zischten wir bei fast idealen Bedingungen dahin, und ich sah uns schon am nächsten Morgen in Pond Inlet einlaufen, wenn das so weiterging.

Vor uns schwamm ein riesiger, wunderbar skulpturierter Eisberg, so groß wie eine mittelalterliche Burg, und das weiche Abendlicht zauberte atemberaubende Farbeffekte auf seine durchsichtigen Flächen. Wo aber steckte das Videoteam? Hier konnten sie zweifellos die eindrucksvollsten Aufnahmen des ganzen Films drehen, und Mike brannte darauf, von ihrem Boot aus PERCEPTION vor diesem prachtvollen Eisriesen zu fotografieren – ein Motiv, das ein Titelbild für das National Geographic Monthly abgeben konnte.

Segelnd umkreisten wir die gläserne Burg. Sie war so groß, daß sie den Wind beeinflußte, deshalb bekamen wir Ärger mit dem Spi, ließen ihn einmal sogar ins Wasser fallen. Die See am Fuß des Eisbergs schien zu kochen, während er majestätisch in der Strömung dahintrieb; ab und zu brachen mit einem Stöhnen große Eisbrocken aus seinen Flanken und krachten aufspritzend ins Wasser. Wir überlegten, ob wir unseren schwimmenden Notsitz aufblasen sollten, damit Mike doch noch zu seinen Fotos kam, aber das Mikro-Environment des Riesen war so dynamisch und unberechenbar, daß es uns zu gefährlich schien.

Erst mehrere Kilometer weiter drinnen im Fjord holte das Videoteam uns ein. Als ihr Motorboot längsseits kam, konnte ich nicht anders, ich mußte meinem Ärger Luft machen. „Ihr habt die besten Aufnahmen der ganzen Reise versäumt“, rief ich ihnen über den Lärm ihres Außenborders zu. Eine Antwort bekam ich nicht. Das Boot schor einfach weg und brauste mit Südkurs Richtung Pond Inlet davon; wir blieben in seinem Schwell dümpelnd zurück.

Um 22.00 Uhr glitten wir vor einem schwachen Lüftchen dahin, knabberten Kraftfutter und einen Schokoladeriegel, da fiel mir plötzlich ein, daß heute Mikes Geburtstag war. Ich gratulierte ihm – zu seiner eigenen Überraschung, denn auch er hatte das Datum vergessen. Kaum zu glauben, daß er nun schon zum drittenmal auf dieser Expedition Geburtstag feierte: 1986 auf Burrow Island, das Jahr darauf zwischen den Inseln der Royal Geographic Society, und nun hier.

Gegen Mitternacht begann es zu regnen und stärker zu wehen. Binnen zwanzig Minuten peitschte uns ein Ost von 50 km/h Graupelschauer ins Gesicht. Eine Zeitlang segelten wir trotzdem weiter, denn ich wollte unbedingt Pond Inlet erreichen, solange die Sponsoren noch dort waren und bevor das Videoteam nach Süden verschwand. Doch der Wind wurde so stark, daß wir uns an Land flüchten mußten, wo wir das Boot auf einen Sandstrand zogen und warteten. Insgeheim flehte ich die Elemente an, wenigstens so lange mitzuspielen, bis wir in Pond Inlet waren, aber natürlich antworteten sie mit Sturmstärke, und um 02.00 Uhr bauten wir schließlich unser Zelt auf und krochen für den Rest der Nacht hinein.

Am nächsten Morgen, dem 15. August, brach der 21. Tag unserer letzten Etappe an, die am Kap Anne begonnen hatte und zur Baffin Bay führen sollte. Das Wetter draußen war nicht gerade ermutigend. Es regnete, der Wind war böig und kam aus Ost, was bedeutete, daß wir nach dem Abbiegen in den Eclipse Sound Richtung Pond Inlet eine harte Kreuz von 80 km gegen Wind und grobe See vor uns hatten. Danach mußten wir ein offenes Gewässer von 25 km Breite überqueren, um nach Pond Inlet an der Südküste seines Fjords zu gelangen.

Bis wir unser Lager abgebrochen hatten, waren wir durchfroren, naß und müde. Aber wir folgten unserer Taktik, von der Küste weg gegen Wind und Seegang anzukreuzen, bis die Wellen so hoch wurden, daß sie die Fahrt aus dem Boot nahmen, und dann wieder einen Schlag Richtung Land zu segeln. Für einen Katamaran waren es die denkbar härtesten Bedingungen, deshalb kamen wir nur quälend langsam voran. Schlimmer noch: Die Belastung für Rigg und Verbände unseres kleinen Bootes war enorm. Bei der Tortur, die PERCEPTION bereits erduldet hatte, mußte ich mich fragen, ob sie dem allen noch gewachsen sein konnte.

Nachmittags waren auch unsere Kräfte erschöpft, und wir gingen an Land, um etwas zu essen und die Blutzirkulation in unseren tauben Gliedern durch Bewegung anzukurbeln. Ziellos wanderten wir am Strand entlang und versuchten nicht daran zu denken, was uns an diesem Tag noch bevorstand. Obwohl wir das Segeln bei so rauhem Wetter fürchteten, wußten wir doch, daß es höchstens noch schlechter werden konnte, wenn wir warteten.

Um uns wieder fit zu machen, schlug Mike einen kleinen Wettbewerb vor: Jeder sollte sich, zusammengeklappt wie ein Taschenmesser, achtmal um sich selber drehen, dann zu einer 15 m entfernten Wendemarke rennen und zurück. Wer als erster wieder da war, hatte gewonnen.

Na schön, dachte ich, kein Problem.

Auf Mikes Kommando drehte ich mich gebückt, so schnell ich konnte. Dann richtete ich mich auf und rannte los – dachte ich jedenfalls. Statt dessen torkelte ich nur seitwärts, und ehe ich 3 m weit gekommen war, haute es mich um. Ich krachte zu Boden und sah Mike auf Gummibeinen zur Wendemarke taumeln. Ehe ich ihn gewinnen ließ, hechtete ich lieber nach seinen Beinen, worauf wir hysterisch lachend in einem wüsten Haufen im Sand herumrollten. Als wir PERCEPTION endlich ins Wasser schoben, blieben auf dem sonst unberührten Sandstrand der einsamen Bucht so wirre Fußspuren zurück, daß selbst Sherlock Holmes sie nicht entziffert hätte.

Dicht an der Küste von Bylot kreuzten wir den Eclipse Sound hinauf und warteten dabei sehnlich auf eine Wetterbesserung, damit wir in einem Satz hinüber zur Baffin-Insel sprinten konnten. Als sich vier Stunden später immer noch nichts gebessert hatte, beschlossen wir wie schon so oft in ähnlicher Lage, die Überquerung trotzdem zu wagen. Das Wetter war zwar scheußlich, aber wenigstens relativ konstant, und mit etwas Glück konnten wir es gerade so schaffen. Außerdem war es bestimmt ein dramatischer Effekt, wenn wir bei diesem Starkwind in den kleinen Hafen von Pond Inlet gestürmt kamen.

Als wir südwärts aufs offene Wasser zusegelten, durchbrach ein Flugzeug die Wolkendecke und kreiste über uns, bevor es in Richtung Pond Inlet davonflog. Da PERCEPTION wie ein Wildpferd bockte und uns mit Gischt überschüttete, konnten wir die Maschine nicht über Funk ansprechen, doch erfuhr ich später, daß Dad und seine Gruppe an Bord gewesen waren, die vom Lachsfischen zurückkehrten.

Bald erreichten wir bei der Überquerung des offenen Gewässers den Punkt auf der Hälfte der Strecke, an dem es zurück genauso weit ist wie voraus, und ich fühlte mich verwundbar wie selten zuvor. Wir waren unserem Ziel schon so quälend nahe, und doch konnte ich einfach nicht glauben, daß sich die Arktis ohne einen letzten Streich geschlagen geben würde.

Wir segelten noch zwei Stunden und standen nicht weit ab vom Südufer, als der Nordwind launisch und schließlich kaum noch fühlbar wurde. Jetzt wünschten wir uns nichts sehnlicher als eine steife Brise.

„Steh durch", flüsterte ich beschwörend immer wieder vor mich hin, aber um 21.30 Uhr erstarb auch das letzte Lüftchen und ließ uns 8 km vor der Siedlung in der Flaute hängen. Statt triumphierend mit Braßfahrt am Empfangskomitee vorbei einzulaufen, würden wir jämmerlich paddelnd in den Hafen schleichen müssen: für mich eine letzte Übung in Bescheidenheit. Wortlos holten wir die Paddel heraus und machten uns an die Arbeit.

An der Kimm tauchte eine Barkasse auf, die schnell auf uns zuhielt. Als sie näherkam, erkannte ich darin Dad, das Videoteam und Bill Curtsinger vom National Geographic Monthly. Dad holte eine Flasche Champagner heraus und schwenkte sie durch die Luft; übers ganze Gesicht grinsend, reichte er sie mir herüber, während die Kamera lief. Langsam begann ich zu begreifen, daß wir es wirklich geschafft hatten – fast.

Bis Pond Inlet hatten wir noch eine Stunde zu paddeln. Gern hätte ich den Champagner gleich geöffnet, um mit Mike anzustoßen, aber das hätte uns nur aufgehalten. Also schwangen wir wieder die Paddel, Rufe flogen zwischen den Booten hin und her, und auch wir beide quasselten so aufgeregt miteinander wie schon lange nicht mehr. Aber ich fand einfach nicht die richtigen Dankesworte für Mike, daß er diese drei Sommer mit mir durchgestanden hatte. Zwar waren wir nicht immer ein Herz und eine Seele gewesen, doch im Lauf der Wochen war meine Achtung vor seinen ungewöhnlichen Kräften und Talenten gewaltig gestiegen.

Es fiel mir ja schon schwer, meine eigenen seltsam gedämpften Gefühle zu verstehen. Natürlich war mir klar, daß Pond Inlet nur das symbolische Ende unserer Expedition bedeutete, daß wir noch 60 km segeln mußten, bis zum offiziellen Ziel in der Baffin Bay. Während ich so paddelte, begann ich auch zu begreifen, daß es die Reise selbst und nicht ihr Abschluß war, was mir die größte Befriedigung bereitete. Darin glich unsere Expedition dem Leben. Von irgendwoher empfängst du eine Idee, sie reift und wächst in dir und nimmt feste Formen an. Wenn sie geboren wird und als Realität hervortritt, ist das eine Prüfung für dich, ein permanenter Lernprozeß durch Erfahrung. Das Projekt verfolgt dich und fordert dich ständig heraus, ja, es versucht sogar, dich zu ruinieren. Da mobilisierst du Reserven, von deren Existenz du bisher keine Ahnung hattest. Du dehnst und streckst dich, bis du schließlich erwachsen wirst. Wenn das Projekt bewältigt und aus deinem Kopf getilgt ist, dann beginnen die Nachrufe: die Bücher, die Filme, die öffentlichen Auftritte und Danksagungen. Für mich würde das eine Zeit der Orientierungslosigkeit und Niedergeschlagenheit werden, deshalb mußte ich mir wohl bald neue Ideen, neue Ziele suchen.

Während wir paddelten, wurde die Flasche eisgekühlten Champagners eine immer stärkere Versuchung. Als wir schließlich nicht mehr widerstehen konnten, ließ ich endlich den Korken knallen.

Dad kam in der Barkasse längsseits und reichte mir einen eigens mitgebrachten silbernen Becher, ein für unsere Familienfeiern bedeutsames Requisit. Ich füllte ihn bis zum Rand, und dann tranken Mike und ich auf unseren Sieg. Es schmeckte köstlich! Ich bot den Leuten in der Barkasse davon an, aber sie bestanden darauf, daß wir die Flasche alleine leerten. Und das taten wir dann auch.

Kurz vor der Siedlung baten uns die Filmleute, einen am Hafeneingang gestrandeten riesigen Eisberg zu umrunden. Wir taten ihnen den Gefallen und paddelten dann zum Ortsrand.

Seit meinem letzten Besuch im Jahre 1975 war die Siedlung gewaltig gewachsen. Damals war ich zwölf gewesen und hatte Dad auf eine Expedition begleitet, bei der zum erstenmal der Narwhal unter Wasser fotografiert wurde. Auch Bill Curtsinger war dabeigewesen, als Fotograf für das National Geographic Monthly. Und jetzt stand er hier vor mir auf dem Strand und richtete seine Kamera auf Perception. Hinter ihm drängten sich einige unserer Sponsoren, darunter Peter Widdrington, Norman James, Roger Lindsay und andere Freunde. Obwohl es schon 22.30 Uhr war, hatten sich auch viele Einwohner von Pond Inlet eingefunden.

Schließlich paddelten Mike und ich die letzten Meter – und waren angekommen. Ein Schwarm Kinder fiel auf Perception ein, und ich fragte sie nur so zum Spaß: „Wo sind wir hier eigentlich?"

Dann watete ich an Land, umarmte Dad, Mike, Pete Jess und andere, sah in strahlende Gesichter, schüttelte Hände, ließ mir auf die Schulter klopfen . . .Es waren so viele intensive Bilder und Eindrücke, daß sie in der Erinnerung miteinander verschmolzen.

Als wir auch dem Bürgermeister und anderen Honoratioren von Pond Inlet vorgestellt waren, zogen wir Perception auf den Strand und luden unsere ganze Ausrüstung in einen Pickup-Wagen. Er fuhr uns anschließend auf einer staubigen Straße an bunten Bungalows und einer orangerot gestrichenen Schule vorbei zum gemütlichen Hotel von Pond Inlet.

Dort gingen wir als erstes unter die Dusche, und anschließend machte Mike sich auf die Suche nach seiner Mutter. Mehr Champagner folgte, als wir uns alle im Salon versammelt hatten. Ich weiß nur noch, wie ich immer wieder Dad und Pete Jess umarmte und ihnen dafür dankte, daß sie soviel auf sich genommen hatten, um mir zu helfen. Schließlich, um 02.00 Uhr morgens, zog ich meinen Schlafsack auf eine hölzerne Veranda an der Rückseite des Hotels. Dort draußen verbrachten ich, Dad und vier bis fünf andere, denen es in den Gästezimmern zu voll gewesen war, eine ruhige Nacht.

15. KAPITEL

„Um nichts in der Welt möchte ich jetzt woanders sein."

Der Alltag begann für uns wieder, als mein Vater und seine Gruppe am nächsten Mittag das Flugzeug bestiegen, um ihre Reise durch die Arktis fortzusetzen.

Ich hatte absolut keine Lust, mich wieder in den Überlebensanzug zu zwängen und an Bord zu gehen, aber es blieb mir nichts anderes übrig. Das Videoteam sollte in zwei Tagen abreisen. Außerdem mußten wir PERCEPTION, falls wir sie nicht in der Arktis lassen wollten, auf den Frachter schaffen, der zur Zeit in Pond Inlet entladen wurde und in zwei Tagen auslaufen würde.

So lange wir konnten, trödelten wir herum und warteten auf Wind – vergeblich. Um 20.00 Uhr fanden wir uns endlich mit dem schwachen Hauch in den Segeln ab, starteten und entfernten uns quälend langsam von Pond Inlet und der Gruppe am Strand, die uns verabschiedet hatte. Draußen griffen wir dann zu den Paddeln. Mike wirkte inzwischen genauso frustriert wie ich über den Mangel an Kooperation seitens der Elemente. Der Gedanke, die ganzen 60 km bis nach Button Point paddeln zu müssen, war unerträglich. Wir verdrängten ihn und trieben PERCEPTION stur voran.

Doch nach einer Stunde gaben wir angewidert auf und steuerten zur Küste. Am Strand befestigten wir 15 m lange Leinen an Bug und Heck von PERCEPTIONS landseitigem Rumpf und begannen sie zu treideln, während eine Flasche Navy-Rum zwischen uns hin und her wanderte. Anfangs kamen wir gut voran, aber dann wurde der Strand immer steiniger, und nachdem wir eine Stunde lang über Felsen geklettert waren, kehrten wir an Bord zurück. Immer noch konnten wir weit achteraus Pond Inlet liegen sehen. Mit der ganzen Anstrengung hatten wir nicht viel mehr erreicht, als uns warm zu halten.

Allerdings entschädigte uns die malerische Umgebung reichlich für alle Mühen. Die majestätischen Gipfel und uralten Gletscher von Bylot und das öde Plateau der Baffin-Insel, überragt in der Ferne von blaugrauen Bergen, ließen uns den Frust über unser langsames Vorankommen vergessen. Weit voraus, wo die Berge von Baffin ins Meer übergingen, lag der Mount Herodier mit seinem kahlen, kegelförmigen Gipfel, der den ganzen Abend von einem leuchtenden Regenbogen gekrönt wurde. Gewaltige, bläulich weiße Eisberge glitten würdevoll vorbei und schienen uns weiter zu winken.

Gegen Mitternacht hauchte eine leichte Brise Katzenpfötchen aufs glatte Wasser, füllte unsere Segel und verschaffte Mike und mir eine Atempause. An Land kamen die von verwitterten Holzkreuzen markierten Gräber zweier Walfänger des 19. Jahrhunderts in Sicht. Nieselregen hatte eingesetzt, und im dunstigen Zwielicht der arktischen Nacht bekamen die Grabstätten eine seltsam surreale, ergreifende Würde. Welche Schrecken hatten die Männer wohl in dieser menschenfeindlichen Umgebung erdulden müssen? Wir landeten kurz, um ihnen Respekt zu erweisen, und ich sagte ein stummes Gebet für die beiden so fern der Heimat begrabenen

Dänen, die nicht viel älter geworden waren als wir und uns auch sonst geglichen haben mochten.

Fröstelnd kehrten wir an Bord zurück und zogen eine Extraschicht warmer Unterwäsche an, ehe wir wieder in unsere Trockenanzüge stiegen. Denn in dem unwahrscheinlichen Fall, daß uns der Wind treu blieb, wollten wir die ganze Nacht segeln.

Der Wind stand nicht nur durch, er frischte sogar auf, und ich hielt quer über den Fjord auf die östlichste Ecke von Bylot Island zu. Auf raumem Kurs machten wir jetzt wirklich flotte Fahrt und holten aus PERCEPTION alles heraus, was drin war. Vor uns dehnte sich das weite, offene Gewässer der Baffin Bay, und dahinter, 700 km entfernt, lag Grönland.

Auf der Suche nach Button Point preschten wir an der Südküste von Bylot entlang. Würden wir es finden, ehe Wind und Seegang uns zum Landen zwangen?

Als die Böen in Spitzen 55 bis 60 km/h erreichten, rollten wir die Fock ein und segelten nur unter Groß weiter. Wasserstaub wurde von den Wellenkämmen gerissen. Wir waren jetzt seit über zwanzig Stunden auf den Beinen, und ich mußte mir immer wieder sagen: „Konzentriere dich. Mach keinen Fehler. Du kannst es schaffen."

Als orangeroter Flammenball stieg die Sonne hinter den Bergen hoch und blieb direkt vor uns über dem Horizont hängen. Als wolle die Natur uns für ihre bisherige Widerborstigkeit entschädigen, schien sie sich nun, am Ende unserer Reise, von ihrer besten Seite zu zeigen.

Unser offizielles und publiziertes Finish in Pond Inlet hatte ich als künstlich und unbefriedigend empfunden, nicht nur weil es der geographischen Ziellinie nicht ganz entsprach, sondern weil wir einen eher privaten Kampf ausgefochten hatten, gegen die Natur und uns selbst. Die Arktis gestattete uns nach harter Prüfung einen privaten Triumph, der weder mit Publikumsbeifall noch mit Sieg oder Niederlage im landläufigen Sinne zu tun hatte. Sie hatte zugelassen, daß wir überlebten und in ihrer eisigen Umarmung durch Erfahrung lernten, und wir durften uns nun – wenn auch nur für diesen flüchtigen Augenblick – eins mit ihr fühlen.

Dann plötzlich tauchten die einsamen Ruinen der Thule-Inuit

vor uns auf, die Landmarke am Button Point; ihre niedrigen Mauern aus Stein und Walknochen waren gegen den Sonnenglast gerade noch erkennbar. Um 05.08 Uhr am Morgen unseres hundertsten Reisetages rundeten wir die Landspitze und preschten in die Baffin Bay hinaus, während in der von unseren Steven aufgeworfenen Gischt bunte Regenbögen spielten. Die erste Durchquerung der Nordwestpassage nur unter Segeln, ein 400 Jahre alter Menschheitstraum, war vollendet.

17. August 1988, 06.50 Uhr: Ich sitze am Button Point bequem im Schutz einer antiken Inuit-Ruine, die vierhundert Jahre alt ist, so alt wie das Streben der Menschen, durch die Nordwestpassage zu segeln. Eine eineinhalb Meter hohe Mauer aus Stein und Walknochen schützt mich vor dem heulenden Wind. Der 100 kg schwere, schneeweiße Schädel eines Buckelwals stützt die benachbarte Mauer, gefurcht und zernagt vom Zahn der Zeit. Rotgelbe, langsam wachsende Flechten sind in den letzten Jahrhunderten über seine Stirn gekrochen.

Der Wohnraum der Hütte mißt etwa 5 m im Quadrat. Ich sitze auf dem erhöhten Schlafplatz, einer Plattform, die sich am äußeren Rand entlangzieht, und schreibe mit bloßen Händen – ein Luxus, den wir auf dieser Reise nicht oft genießen durften. Obwohl ich seit 23 Stunden nicht geschlafen habe, finde ich keine Ruhe. Meine freudige Erregung ist zu stark. In Gedanken bin ich auch bei den Menschen, die uns ihre Ideen, ihre Zeit und Unterstützung geschenkt haben, damit diese Expedition gelingen konnte.

PERCEPTION *liegt auf dem steinigen Strand und ruht sich aus, während der Wind durch ihr Rigg pfeift und die Sonne ihre beiden gelben Rümpfe aufleuchten läßt. Sie erwies sich, ganz wie erhofft, als das ideale Fahrzeug für die Reise. Bei Leichtwind glitt sie zügig dahin, und bei Sturm bot sie uns eine stabile, wenn auch fürchterlich nasse Plattform. Und wenn es zu rauh wurde, konnten wir mit ihr auf den Strand oder auf eine Eisscholle ausweichen. Wenn sich uns Packeis entgegenstellte, für andere Boote eine unüberwindliche Barriere, konnten wir sie, wenn auch mit erheblichem Kraftaufwand, darüber hinweg ziehen. Alles in allem erwies sie sich dank ihrer*

Anpassungsfähigkeit als Schlüssel zu unserem Überleben in der Arktis.

Um nichts in der Welt möchte ich jetzt woanders sein. Ich bin restlos glücklich.

Zeittafel

Die Erkundung der Nordwestpassage

1576	Frobishers erste Reise auf der Suche nach der Nordwestpassage.
1585–1587	Davis sucht die Küsten von Labrador und Baffin Island nach dem Eingang zur Passage ab.
1610	Hudson segelt in die Hudson Bay und wird dort von seiner Crew verlassen.
1616	Bylot und Baffin erreichen die nördlichen Gewässer der Baffin Bay.
1818	Ross segelt bis zum Lancaster Sound, macht aber an seiner Einfahrt kehrt.
1819–1820	Parry stößt auf seiner klassischen Reise 800 km in den Lancaster Sound vor und überwintert auf Melville Island.
1819–1820	Franklins erste Expedition zu arktischen Küsten über den Coppermine River.
1825–1827	Franklins zweite Expedition in die Arktis, diesmal über den Mackenzie River.
1829–1833	Ross segelt in die Zentralarktis.
1845–1848	Franklins verhängnisvolle Reise mit EREBUS und TERROR.
1848	Erste Pläne zur Rettung Franklins – Sir James Ross scheitert bei der Spurensuche.
1848–1850	Viele vergebliche Suchexpeditionen zu Lande und auf See, darunter diejenigen von Austin, Richardson, Pullen, M'Clure und Collinsen.
1852	Belcher segelt mit der NORTH STAR und vier anderen Schiffen auf der Suche nach Franklin in die Zentralarktis. NORTH STAR ankert vor Beechey Island.
1850–1854	M'Clure scheitert, die Überlebenden verlassen das Schiff und schlagen sich zu Fuß bis Beechey Island durch. Dabei überqueren sie als erste die Nordwestpassage.

1853	Die Breadalbane sinkt vor Beechey Island.
1854	Rae findet Spuren der Franklinexpedition.
1857–1859	M'Clintock findet weitere Spuren Franklins.
1903–1906	Unter Segeln und Motor fährt Amundsens Gjoa als erstes Schiff durch die Nordwestpassage.
1940–1944	Die St. Roch der Royal Canadian Mounted Police, ein Schoner mit Hilfsmotor, fährt als erste von West nach Ost durch die Passage und wieder zurück.
1969	Als erstes Handelsschiff bewältigt die Manhattan die Nordwestpassage.
1983	Das Wrack der Breadalbane wird von einem Tauchteam unter Führung von Dr. Joe MacInnis entdeckt.
1986–1988	Perception segelt als erstes Boot durch die Nordwestpassage und verwirklicht damit einen 400 Jahre alten Menschheitstraum.

Bitte beachten Sie die folgenden Seiten

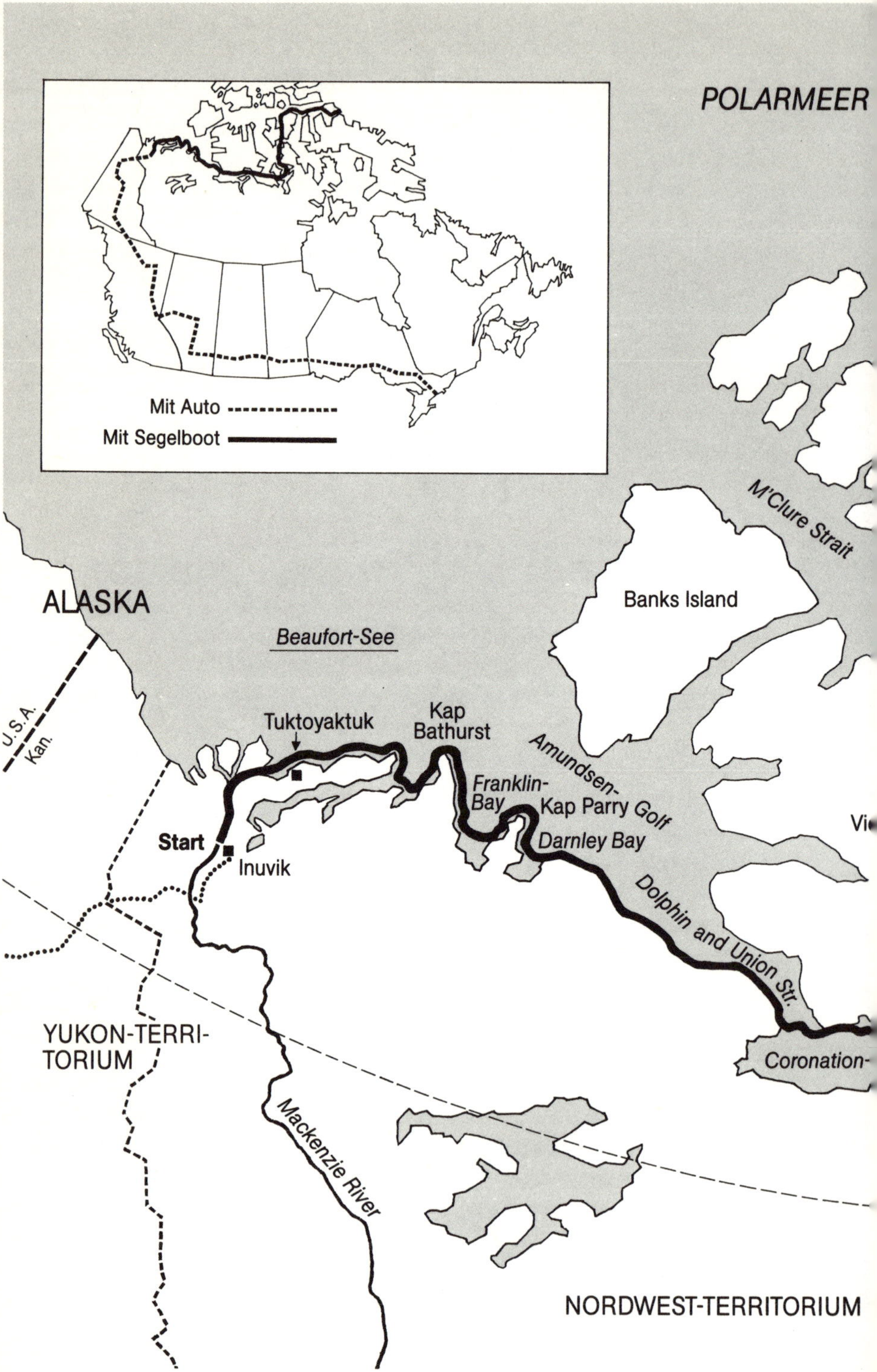

Mit Auto
Mit Segelboot
POLARMEER
M'Clure Strait
Banks Island
ALASKA
Beaufort-See
U.S.A.
Kan.
Tuktoyaktuk
Kap Bathurst
Amundsen-Golf
Franklin-Bay
Kap Parry
Darnley Bay
Start
Inuvik
Dolphin and Union Str.
Vi
Coronation-
YUKON-TERRITORIUM
Mackenzie River
NORDWEST-TERRITORIUM

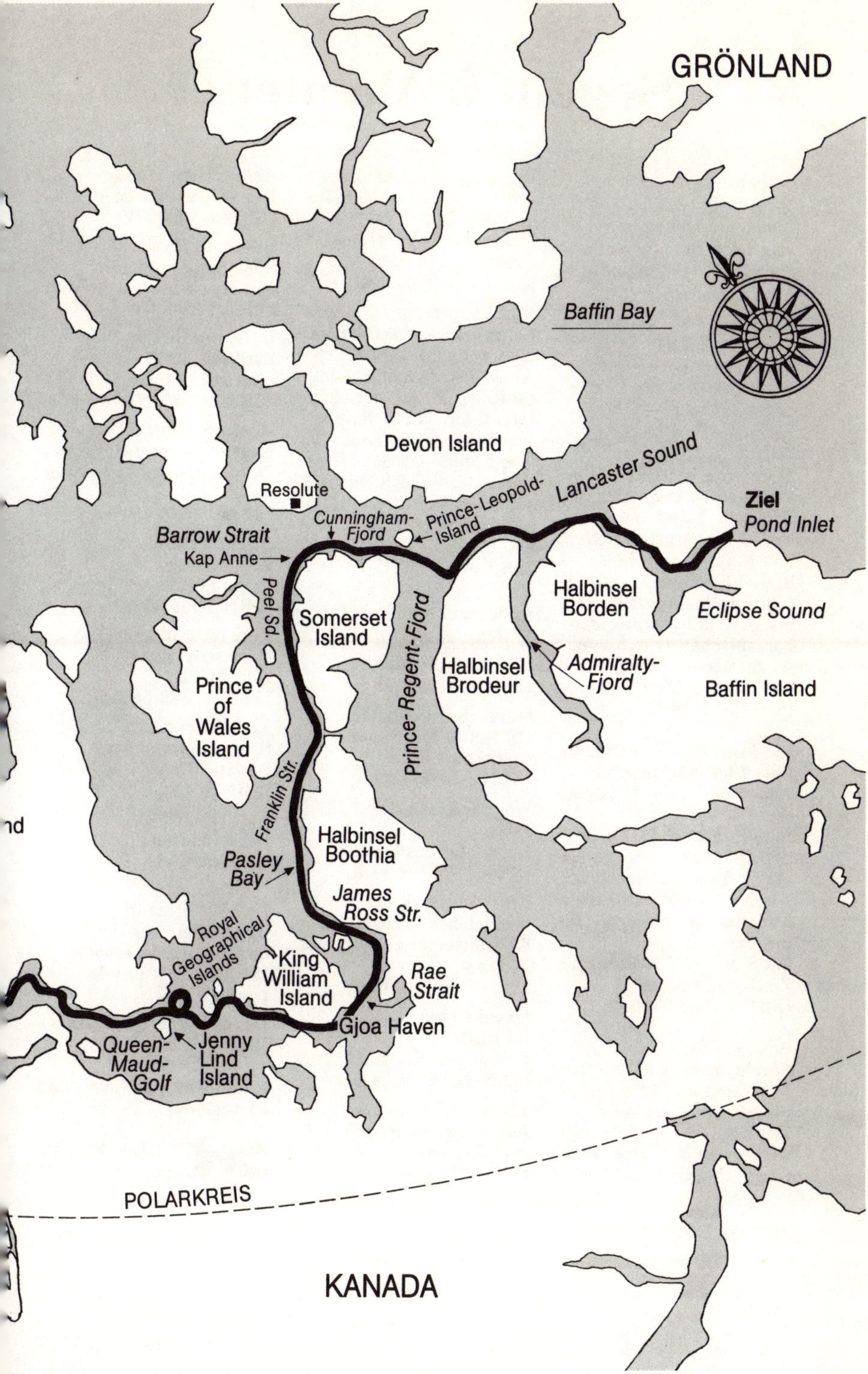

GRÖNLAND
Baffin Bay
Devon Island
Resolute
Lancaster Sound
Prince-Leopold-Island
Cunningham-Fjord
Barrow Strait
Kap Anne
Ziel
Pond Inlet
Peel Sd.
Somerset Island
Prince-Regent-Fjord
Halbinsel Borden
Eclipse Sound
Halbinsel Brodeur
Admiralty-Fjord
Baffin Island
Prince of Wales Island
Franklin Str.
nd
Halbinsel Boothia
Pasley Bay
James Ross Str.
Royal Geographical Islands
King William Island
Rae Strait
Gjoa Haven
Queen-Maud-Golf
Jenny Lind Island
POLARKREIS
KANADA

Segeln & Abenteuer

Viele tausend Seiten Spannung und Entspannung zu Taschenbuchpreisen bietet die Reihe „Segeln & Abenteuer". Erlebnisberichte von Gefahren auf See und die Erzählungen beherzter Skipper und Bordfrauen garantieren Leseabenteuer aus erster Hand.

Maurice u. Maralyn Bailey
118 Tage den Tod vor Augen
Eiserner Überlebenswille und Erfindergeist helfen den Baileys, eine beispiellose Odyssee in ihrer Rettungsinsel durchzustehen, bis sie endlich von einem koreanischen Fischdampfer gerettet werden.
180 S. mit 80 Zeichn.
ISBN 3-7688-0829-7

Jeff MacInnis/W. Rowland
Eher friert die Hölle zu
Abenteuer Nordwestpassage
Ein dramatischer Erlebnisbericht über die erste Durchsegelung der tückischen Nordwestpassage Kanadas im offenen Hobie-Cat.
216 S. mit 38 Farbfotos, 18 Zeichn. u. 1 Karte
ISBN 3-7688-0830-0

Bobby Schenk
Segeln im Reich der Stürme
Mit Yacht und Miniflieger bis ans Ende der Welt
Der bekannte Segler fliegt zusammen mit seiner Frau Carla im eigenen Sportflugzeug nach Südamerika, um im gefährlichsten Revier der Welt zu segeln.
296 S. mit 52 Farbfotos, 15 Zeichn. u. 2 Karten
ISBN 3-7688-0831-9

Karl Vettermann
Barawitzka – Lauter Kapitäne, keine Matrosen
Als selbsternannter Admiral führt „B. A." vier Charteryachten mit Skipperlehrlingen nach Tunesien. Das bringt viele Probleme mit sich, die sich nur mit seiner gewohnten Pfiffigkeit lösen lassen.
280 S. mit 27 Zeichn.
ISBN 3-7688-0832-7

Außerdem lieferbar:

Wilfried Erdmann
Die magische Route
ISBN 3-7688-0787-8

Horst Haftmann
Oft spuckt mir Neptun Gischt aufs Deck
ISBN 3-7688-0788-6

Wolfgang Hausner
Taboo
Eines Mannes Freiheit
ISBN 3-7688-0597-2

Ernst-Jürgen Koch
Hundeleben in Herrlichkeit
Weltumseglung mit der „Kairos"
ISBN 3-7688-0669-3

David Lewis
Ice Bird
Einhand in Eis und Sturm
ISBN 3-7688-0708-8

Hannes Lindemann
Ein Mann, ein Boot, zwei Kontinente
ISBN 3-7688-0748-7

Bernard Moitessier
Der verschenkte Sieg
ISBN 3-7688-0749-5

Burghard Pieske
Shangri-La
Mit dem Wind um die Welt
ISBN 3-7688-0596-4

Burghard Pieske
Karibisches Eis – arktisches Feuer
ISBN 3-7688-0789-4

Bobby Schenk
Freiheit hinterm Horizont
Die klassische Weltumseglung
ISBN 3-7688-0609-X

Joachim Schult
Yachtpiraten
Kriminalfälle auf See
ISBN 3-7688-0750-9

Karl Vettermann
Barawitzka segelt nach Malta
ISBN 3-7688-0671-5

Karl Vettermann
Barawitzka und der Taiwan-Klipper
ISBN 3-7688-0790-8

Karl Vettermann
Die Irrfahrten des Barawitzka
ISBN 3-7688-0710-X

Karl Vettermann
Barawitzka und die See-Amazonen
ISBN 3-7688-0751-7

Hugo Wehner
Tagedieb und Taugenichts
ISBN 3-7688-0711-8

Erhältlich im Buch- und Fachhandel

Delius Klasing Verlag